M A'

REPUBLIQUE

MA
REPUBLIQUE

Auteur, PLATON.

Editeur, J. DE SALES.

TOME VII.

Ouvrage destiné a être
publié,

L'an. M. D. CCC.

JUGEMENT

D'UN CRIME

DE LÈZE-NATION.

Entrainè par la série des idées , qui contrarie souvent celle des faits , j'ai conduit la Convention nationale de France , depuis l'époque là plus brillante de son règne, jusqu'à sa mort : mais Éponine , libre enfin , quoique plus infortunée que jamais, vient en soupirant m'avertir des erreurs de ma chronologie.

Je ne résisterai ni à la vérité

Tome VII,   A.

ni à Éponine. Il est certain que lorsque le comité des recherches de Paris se détermina, à faire juger les prétendus crimes de lèze-nation du chevalier de Villeneuve et du philosophe du Péloponèse, la Convention nationale vivait encore, et que même ses orateurs, dans leurs harangues, la berçaient de l'idée de son immortalité.

Pendant que l'encens brulait ainsi au milieu du temple de la liberté, le chef des douze cents immortels, le comte de Mirabeau, expirait. Le délire de la douleur publique fut porté à son comble. On obligea le roi, à envoyer une partie de sa maison, à la pompe funèbre du Républicain qui l'avait à moitié détroné ; et les Saints de la religion nationale, chassés de leurs Basiliques. virent la cendre de l'ennemi de tous les cultes profaner leurs sanctuaires.

Le comité des recherches voulut aussi payer son tribut à la mémoire du grand homme. Il observa, avec autant d'érudition que de discernement, qu'à la mort de certains Princes nègres, on enterrait dans le caveau royal leur or, leurs maîtresses et leurs

esclaves ; et plein d'estime pour
les Solons Africains qui avaient
introduit cet usage, il se proposa
d'immoler sur la tombe de Mirabeau les deux plus dangéreux
ennemis de la liberté Française,
l'amant d'Éponine et le philosophe.

L'amant d'Éponine comparut
le premier devant le tribunal de
lèze-nation, et prévint par ce
discours noble et fier, le danger
d'un interrogatoire.

« Tant qu'un comité des re-
« cherches m'a parlé en maître,
« j'ai mis l'orgueil de la vertu à

« l'humilier. Caché à ses yeux
« sous le nom vil d'un esclave,
« je lui ai fait connaître, par le
», calme de mon attitude et le
» poids accablant de mon silence,
» que cet esclave même valait
» mieux que de farouches inqui-
» siteurs d'état, qui ne se fai-
» saient les prêtres de la liberté,
:, que pour immoler des victimes
» humaines par hécatombes.

» Maintenant que je comparais
» devant des juges, avoués à la fois
» de la France et de la raison,
» je dois leur ouvrir mon ame
» toute entière, et m'énoncer
» avec une mâle franchise, faite

„ pour honorer encore moins
„ l'accusé qui l'employe, que le
„ magistrat qui l'encourage.

„ Chevalier de Malthe, et allié
„ par ma naissance à un am-
„ bassadeur, j'ai été long-temps
„ esclave d'un amiral d'Alger,
„ qui m'avait fait prisonnier,
„ dans une de mes caravanes.
„ L'empereur Joseph a payé ma
„ rançon devant Belgrade, et je
„ suis venu jouir des bienfaits de
„ ce prince, dans une patrie,
„ qui en devenant le tombeau
„ de toutes les tyrannies, pro-
„ mettait d'être le berceau des
„ grands hommes.

„ Arrivé à Versailles, à l'épo-
„ que désastreuse de la nuit des
„ régicides, le rideau de théâtre,
„ qui me cachait le vrai point
„ de vue de la révolution, s'est
„ déroulé devant moi. J'ai vû
„ que la plus sublime des insur-
„ rections allait sans cesse en
„ se dégradant, à cause des
„ mains impures qui la servaient :
„ j'ai reconnu qu'en mettant des
„ scélérats en préseuce avec des
„ oppresseurs, on exposait l'his-
„ toire à ne pas distinguer la
„ cause de la tyrannie de celle
„ des lumières.

„ Je traversais plein d'effroy

A 4

„ les cours ensanglantées de ce
„ château de Versailles, où le ré-
„ gicide seul était roi, lorsqu'un
„ tigre à figure humaine se pré-
„ senta sur mon passage, agitant
„ avec des cris de cannibales
„ une tête mutilée, qu'il portait
„ sur une pique : voilà, dit-il,
„ le sort qui attend les traîtres ;
„ j'ai tué ce garde insolent, et
„ la reine qu'il protégeait ne
„ périra que de ma main. En
« même temps le monstre abaisse
„ la tête sanglante qui lui servait
„ de trophée, et veut me la
„ faire baiser : l'horreur avait
„ d'abord enchaîné mes sens :
„ mais lorsque la tête atteignit

,, mes lèvres glacées. je fus rendu
,, à toute l'énergie de la fureur ;
,, alors tirant une épée nue,
,, que je tenais cachée sous mon
,, manteau, j'en perçui l'effroyble
,, assassin , qui alla expirer à
,, quelques pas de moi, le blas-
,, phème à la bouche, et regret-
,, tant que la tête qu'il déchirait
,, encore , malgré son inpuis-
,, sance , ne fut pas celle de sa
,, souveraine.

,, Une multitude de Bachantes
,, suivait ce régicide ; et le voyant
,, tomber , elles m'entourèrent ,
,, menaçant de me déchirer. Je
,, ne crus pas devoir me servir

A 5

,, de mon épée contre des fem-
,, mes, et je la jettai à leurs
,, pieds avec quelqu'assurance.
,, Ce trait, joint à l'idée de
,, l'affront que j'avais reçu, et
,, peut-être à ma jeunesse, émut
,, une de mes farouches enne-
,, mies, qui, m'arrachant à la fu-
,, reur de ses compagnes, obtint
,, d'elles ma grace. On appellait
,, de ce nom, l'opprobre d'être
,, livré chargé de fers au comité
,, des recherches.

,, Tel est le fait, pour lequel
,, je languis depuis tant de mois,
,, dans les angoisses d'une pro-
,, cédure criminelle. La loi qui

„ protégeait les jours de ma
„ souveraine, de la sœur du
„ plus auguste de mes bienfai-
„ teurs, était anéantie : j'ai eu le
„ courage de me constituer moi-
„ même la loi vivante d'un peu-
„ ple qui périssait dans l'anar-
„ chie : j'ai prononcé dans mon
„ cœur la sentence du scélérat,
„ et ma main l'a exécutée.

„ Je ne me dissimule point
„ tout ce que le vulgaire peut
„ trouver d'irrégulier dans cet
„ acte mémorable de justice :
„ mais pour me juger sainement,
„ il faudrait se transporter hors
„ du monde social. L'état à cette

,, époque était dissous , et tout
,, pour le relever devenait légi-
,, time. Ma main , quelque en-
,, sanglantée qu'elle soit , est
, donc aussi pure que celle des
,, Brutus et des Timoléon ; et
,, si . lorsque la patrie veille, le
,, citoyen ne peut frapper per-
,, sonne sans son aveu , il peut
,, quelquefois, quand elle dort ,
,, s'honorer d'un assassinat ,
,, comme d'un acte de vertu.

,, D'ailleurs, avant de décider
:. si je suis le meurtrier d'un
, citoyen , ou le vengeur des
,, rois, il faudrait faire le procès
,, à la cendre de l'homme de sang,

« dont j'ai purgé la société.
« Quoi ! je l'accuse avec la
« France entière, d'avoir outragé
« la patrie, et les tribunaux de
« lèze-nation garderaient le si-
« lence ! on me punirait d'avoir
« conspiré contre un scélérat
« obscur, et on se tairait sur une
« conspiration contre le chef de
« l'état, qui flétrira à jamais le
« nom Francais dans la mémoire
« des hommes !

« Ma vie est dans la main de
« mes juges, et je regrette peu
« ce bien, dont de longs mal-
« heurs m'ont commandé depuis
« long-temps le sacrifice : mais

« je déclare que la violence seule
« peut me l'arracher. Aucun
« pouvoir légal n'a le droit de
« prononcer sur mon sort, avant
« qu'on ait éclairé la vie abo-
« minable de ma victime ; aucun
« tribunal ne peut ordonner mon
« supplice , tant qu'un voile
« odieux est étendu sur la nuit
« des régicides.

Ce discours fut prononcé en
public , suivant les usages du
nouveau code criminel; mais il
ne produisit aucun effet, parce
que la salle d'audience était
pleine de perturbateurs, qui ne
marchaient à la liberté qu'à tra-

vers les tables de proscription et les supplices. Cependant au milieu des murmures et des imprécations de cette horde des pectateurs, un battement de mains, effet de l'émotion d'une ame vertueuse se fit entendre. Cet applaudissement, qui faisait le procès à la férocité du peuple, venait de la sensible Zima. La jeune étrangère s'apperçut bientôt, par les huées dont on l'accueillit, qu'elle n'était pas parmi des hommes, et elle se hâta de sortir, craignant bien moins pour elle que pour l'accusé, les suites de son courage.

Les allarmes de Zima avaient un autre fondement encore que la sensibilité d'une amante. Le comité des recherches , à qui il importait , pour exister, qu'il n'y eut dans les prisons d'état que des cou,ables , avait trouvé des rapports d'écriture entre le nom d'Éponine , gravé par le chevalier dans l'angle d'une muraille, et la lettre au philosophe interceptée aux frontièaes ; et comme cette lettre paraissait évidemment aux inquisiteurs un complot contre la patrie , il en résultait au premier abord que l'accusé avait voulu trompé ses juges , en déguisant ce corps de délit dans son apologie.

Le Châtelet n'avait rien de l'ame atroce des faux patriotes : il cherchait dans un procès non des crimes, mais des lumières ; déjà ému par le ton noble et fier du chevalier, il lui fit présenter la lettre suspecte, afin de lui donner l'occasion de ne laisser subsister aucun nuage sur son innocence.

Le chevalier, à la vue de cette lettre fatale, qu'il n'avait pû soupçonner entre les mains de ses ennemis, mais dont il n'hésita

pas à reconnaître l'écriture ;
changea de visage , jetta des
regards inquiets sur ses juges ;
et les farouches perturbateurs
qui maîtrisaient l'assemblée ,
conclurent de ce trouble qu'il
s'avouait digne du supplice.

Le tribunal , plus étonné encore que le peuple des faux patriotes , suspendit la lecture de
la lettre , jusqu'à ce que l'accusé
fut confronté avec le philosophe.

Ce dernier parut quelques
minutes après, accompagné d'É-
ponine. Le sage qui ne craignait
que pour lui , avait la tête

élevée, et offrait dans ses regards, cette sérénité touchante,
qui accuse la férocité d'une populace, avide de spectacles d'é-
chaffaut : mais la jeune Grecque
qui craignait pour un père, le
front éteint et les yeux baissés,
sembleit une victime qu'on traî-
nait au supplice.

Le chevelier de son côté, interdit des murmures odieux des
spectateurs, agité par l'idée des
résultats sinistres qu'on pouvait
tirer de sa lettre, restait plongé
dans une rêverie profonde, qui,
aux yeux de l'homme qui em-

poisonne tout, tenait de l'inquié-
tude du remord.

Les deux personnages furent
tirés à la fois de leur léthargie,
par la voix d'un des juges qui
les appella par leurs noms, en
commençant à lire la procédure.

Au même instant, tous deux,
comme de concert, levèrent leurs
yeux appésantis, se cherchèrent,
se reconnurent et jettèrent un
cri de surprise, que les perturbateurs prirent pour l'effet de
l'intelligence du crime, tandis
que le sage, plus fait aux émotions
de la nature, n'y voyait que l'ef-

fet de l'intelligence de l'amour,

Lorsque les flots populaires commenc:rent à s'appaiser, on fit la lecture de cette lettre, qui semblait renfermer le sort de tous les accusés, de cette lettre, dont l'ouverture contrariée par tant d'évènemens, avait fait palpiter si long-temps le sein d'Éponine.

« Libre enfin, puisque j'ai
« secoué toutes les chaînes,
« excepté celles de mon cœur,
« je dois au sage qui, par sa
« raison supérieure, a sçu mai-
« triser mon entendement, à

« l'être bienfaisant , par qui seul
« je puis être heureux , ma pre-
« mière pensée et mon premier
« hommage.

« Me voici au milieu de la
« capitale , non de la France ,
« mais de l'Europe entière : dans
« les murs de cette ville à para-
« doxes , qui Sybaris le matin ,
« et Rome le soir , se permet
« d'appeller des loix , quand elle
« n'a plus de mœurs, voilant ainsi
« par quelques actes de vigueur ,
« la pente rapide qui l'entraine
« vers sa longue décrépitude.

« On représente ici une pièce
« dramatique , bien étonnante

« pour un théâtre, qui, depuis
« tant de siècles, a consacré
,, toutes les erreurs et toutes les
,, démences du despotisme : c'est
,, le *détronement des rois de*
,, *l'Europe.* La nation entière
,, semble y avoir pris un rôle.
,, Le premier acte, joué avant
,, mon arrivée, est sublime ; je
,, le regarde, avec tous les gens
,, de l'art, comme un des chefs-
,, d'œuvres de l'esprit humain.
,, Le second, qu'on commence
,, sous mes yeux, est bien peu
,, digne d'une si belle ouverture;
,: si l'intérêt ne se reléve pas,
,, je ne crois pas que cette ra-

„ gédie nationale arrive jusqu'à
„ son dénouement.

„ Une raison supérieure avait,
„ dans l'origine, tracé le plan
„ de cette grande machine dra-
„ matique. Des poëtes vulgaires
„ sont venus ; ils ont mêlé leurs
„ conceptions petites et faibles
„ à l'ouvrage du génie ; et le
„ puissant effet qui devait ré-
„ sulter de l'architecture géné-
„ rale de la pièce , a été manqué.

„ Sçavez-vous comment les
„ noûveaux ordonnateurs ont
„ disposé la contexture de leur
„ fable dramatique ? ils ont
„ avili

„. avili leur premier personnage ;
„ sur lequel, maigré eux cepen-
„ dant, roule encore tout l'inté-
« rêt; ils s'apprêtent à le détrôner,
« sans motif ainsi que sans in-
« telligence ; en même temps,
« pour couvrir leur intrigue d'un
« voile impénétrable, ils en
« changent tous les fils ; et tous
« les premiers acteurs, cachés
« derrière la toile, laisseront jouer
« leurs rôles à des scélérats tirés
« de la fange, à des esclaves
« sans génie, et à des femmes.

« C'est demain six octobre que
« le détrônement principal doit
« s'exécuter : cependant la pièce

Tome VII.   B

« n'est encore qu'à la première
« scène de son second acte ; et
« les intérêts variés de tous les
« souverains de l'Europe , qui
« vont paraître successivement
« sur la scène, pourraient bien
« intervertir l'ordre du plan ac-
« tuel , et amener une autre ca-
« tastrophe.

« L'effroi de la plus saine
« partie des spectateurs est à son
« comble : car on parle de s'es-
« sayer à la chute du trône,
« par l'assassinat' de la reine.
« Je monterai moi-même demain
« sur le théâtre , pour voir ce
« que deviendront les mœurs

« d'un peuple naturellement sen-
« sible et bon , qu'on veut ap-
« privoiser avec des spectacles,
« ou le seul génie qui respire,
« est celui de l'atrocité.

« Cachés avec soin cette épi-
« sode de la plus sanglante des
« tragédies, au prince auguste qui
« m'a rendu libre , et qui assure
« mon existence par ses bienfaits.
« La foudre aura respecté ou
« frappé sa sœur , avant qu'il
« ait pu être instruit de la nais-
« sance de l'orage. Ne contristons
« pas d'avance sa grande ame ;
« qu'il n'en connaisse la blessure
« qu'au moment où toutes les

B 2

« loix lui ordonneront de la
« venger.

« Au resse, un secret pres-
« sentiment m'annonce que la
« scène qui va s'ouvrir ne sera
« point ainsi ensanglantée. L'hé-
« roïne, dont on menace la tête,
« a un grand caractère ; elle
« jouera, non le rôle qu'on lui
« prête dans la tragédie, mais
« celui que son génie lui ins-
« pirera : ce qui peut influer, de
« la manière la moins prévue, sur
« la destinée de la pièce et sur
« celle des personnages.

« Je ne puis comparer à cette

« héroïne , qu'un autre prodige
« de son sexe ; une femme née
« avec toutes les graces d'Aspasie,
« pour ne point s'en appercevoir,
« peut-être avec le germe des
« passions brulantes de Sappho,
« pour ne jamais subir leur em-
« pire : une femme dont la tête
« supérieure s'ouvre à toutes les
« combinaisons de la politique ,
« qui donnait à l'empereur Joseph
„ des conseils sur l'art de régner,
„ et qui en aurait donné à une
„ république sur l'art de dé-
„ trôner les rois.

„ C'est à cette femme céleste ,
« c'est à vous, de conjurer contre

B 3

« tous ces petits tyrans, qui ne
« m'organisent une nouvelle pa-
« trie que pour me la faire haïr.
« Venés, illustre rejetton des
« Philopémen et des Miltiade,
« venez jetter votre ame magna-
,, nime au milieu d'un grand
,, peuple qui s'oublie : venés
,, prouver à des Lycurgues d'un
,, jour, qu'une législation, qui
,, usurpe, ne peut être le Pal-
,, ladium des propriétés ; et que
,, l'anarchie qu'amène une li-
,, berté sans base, est un fléau
,, plus terrible pour l'homme
,, social, que les longues anxiétés
,, de la servitude.

« Je me sens digne de com-
« battre comme simple soldat ,
« sous des chefs illustres de
« conjurés tels que vous. Depuis
« que j'ai été armé chevalier au
« camp de Belgrade, il me sem-
« ble qu'une flamme nouvelle
« de patriotisme, soit venue épu-
« rer tout ce qui me restait de
« l'ame dégradée d'un esclave :
« aucun sacrifice ne me coûte ,
« quand il s'agit de sauver mon
« pays , aucun danger n'est pour
» moi au dessus de mon cou-
« rage.

« L'héroïne qui m'a armé
« d'une épée , pour m'ouvrir la

« carrière de la gloire, ne doit
« pas douter sur tout, pour qui
« serait la dernière étincelle d'une
« vie que je dois à sa bienfaisance :
« je sçaurai, quand il le faudra,
« mourir pour la conserver à
« l'Europe qu'elle honore : j'ai
« bien plus fait jusqu'ici que de
« mourir : je me suis condamné
« à vivre loin d'elle.

Pendant la lecture entière de
cette lettre, Éponine et le chevalier avaient eu les yeux fixés
l'un sur l'autre ; tous deux avaient
tenté d'étudier les gradations de
leurs sentiments dans les teintes
variées de leur visage ; celui des

deux cœurs qui savait le mieux se posséder, fut ici celui qui se trahit davantage. Soit qu'Éponine, depuis tant de mois de résistance, fut lasse de combattre la nature, soit qu'elle ne vit plus de danger à laisser échapper un secret que son amant n'allait recueillir, que pour l'ensevelir dans sa tombe, lorsque la dernière phrase de la lettre fut prononcée, tous les feux de l'amour étincellèrent à la fois dans ses regards; elle saisit en même temps la main de son père, qu'elle serra avec émotion, ce qui, dans la langue des ames neuves, était lui demander la

permission d'être heureuse, et
comme le vieillard ému laissa
oouler une larme de tendresse
sur le sein de sa fille, l'héroïne
qui se vit entendue, connut la
première jouissance de l'amour.

Toute cette scène touchante
fut perdue pour les cœurs de
bronze, qui en étaient les té-
moins. La lettre qui, parmi des
hommes pervers, était susceptible
d'une interprétation sinistre, avait
été écoutée avec une indignation
concentrée, qui s'exhala à la fin
de la lecture en cris de fureur.
Ces mouvements de rage se com-
muniquèrent rapidement hors de

l'enceinte du tribunal , et en peu de minutes une populace immense s'amoncela autour du Châtelet , demandant en souveraine qu'on lui livrât les deux conjurés pour les traîner au supplice.

Si depuis l'anéantissement de la force publique, le peuple de Paris était accoutumé à des émeutes aussi coupables, le sage tribunal des crimes de lèze-nation, était aussi accoutumé à les braver ; il fit reconduire sous bonne garde l'infortuné Villeneuve dans sa prison, pour le dérober à la rage des pertur-

lateurs , avec le même calme que
s'il n'y eut eu dans la salle d'audience que dieu et les accusés , et
acheva d'instruire le procès du
philosophe.

Une instruction pareille n'était
pas de nature à trainer en lon-
gueur ; il s'agissait d'un crime
d'opinion , intenté devant des
juges froids comme la loi , contre
un sage , qui avait travaillé
soixante ans à se rendre digne
d'éclairer les hommes. Les ré-
ponses à la fois simples et lumi-
neuses de l'accusé , dissipèrent
bientôt le reste des nuages ,
qu'avait fait naître , soit son in-
tunité

timité avec l'empereur, soit la lettre que le chevalier lui avait adressée. Aussi le jugement qui intervint, le déchargea de la manière la plus honorable, de tout soupçon de délit contre la révolution Française : on lui déclara que de ce moment il était libre, et on l'autorisa à poursuivre, devant la loi, les hommes de sang, qui, en provoquant sa détention, avaient armé le peuple pour son supplice

Pendant qu'Éponine, de retour dans sa prison qu'elle revoyait pour la dernière fois, se livrait dans les embrassements de son

Tome VII. C

père, à tout le délire de sa sensibilité, il se préparait près d'elle
un évènement singulier, qui allait
remplir d'amertume les premiers
plaisirs que lui promettait son
indépendance,

Nous avons vû sortir Zima,
vers le commencement de la
séance, poursuivie par les huées
insultantes d'un peuple qui avait
abjuré l'humanité, et plus dou-
loureusement encore par l'idée
sinistre, que l'infortuné qu'elle
aimait allait mourir. Elle conçoit
tout d'un coup le projet de sauver
son héros au péril de sa vie, et
l'exécute. Trois hommes affidés

se déguisent , par ses ordres , en gardes nationales : elle-même en prend l'uniforme, et munie d'un ordre contrefait du marquis de la Fayette , elle signifie avec une noble audace au concierge du Châtelet, de lui remettre son prisonnier , pour le transférer dans une autre prison. L'ordre était en bonne forme , il semblait motivé par les dernieres fureurs du peuple : d'ailleurs Zima , qui s'annonçait pour le neveu du héros de l'Amérique , éloignait toute espèce de soupçon par sa jeunesse et sa touchante ingénuité. Aussi le statagême réussit,

C 2

et le chevalier fut livré à l'instant à son amante, qui monta avec lui dans une voiture apostée, avec laquelle tous deux atteignirent en quelques minutes les barrières de la capitale.

Malheureusement, dans ces temps d'orage, où un zèle inquiet ne croyait dissiper les dangers, qu'en multipliant le phantôme des allarmes publiques, personne ne pouvait quitter la ville, qui se disait la plus libre de l'Europe, sans des formalités inquisitoriales, qu'elle n'avait jamais connues sous la tyrannie de l'ancien régime. Zima ne s'était munie d'aucun

passeport et elle se vit arrêrée
à la barrière. Pour comble de
perplexité, en descendant de
voiture, elle apperçut dans l'é-
loignement des espèces de satellites, qui faisaient effort pour
l'atteindre ; mais l'amour est
bien ingérieux, quand on en a
assés pour sevoir mourir. Zima
donne ordre à l'instant, devant
tout le monde, au chevalier d'aller
chercher à l'hotel de ville un
passeport, lui indique une route
contraire à celle des satellites,
éloigne sous d'autres prétextes
ses trois complices, et reste
seule en otage à la barrière.

K 3

Ce n'était pas sur de vagues terreurs que Zima se dévouait ainsi : il est certain que peu de temps après l'évasion du chevalier, le concierge du Châtelet ayant eu quelques soupçons sur la validité de l'ordre qu'on venait de lui remettre, avait envoyé des gardes affidés à la poursuite de la voiture. Lorsque ceux-ci arrivèrent, leur proie avait disparu : ils ne s'emparèrent donc que de Zima, qui, plus fière d'avoir délivré son héros, qu'émue du danger qu'elle courait par sa délivrance, entra avec sérénité dans la prison, au milieu des cris de haine d'un peuple

immense , qui ne semblait pas
plus l'émouvoir, que les railleries
sanglantes des soldats Romains
ne blessaient les triomphateurs ,
lorsqu'ils montaient au Capitole.

Quand la sultane parut chez
le geolier, le philosophe y était
avec sa fille et faisait les apprêts
de sa liberté. La clairvoyante
Éponine ne tarda pas à la reconnaître , malgré l'uniforme
et l'audace qui la déguisaient ;
oui , dit le prétendu guerrier,
en s'élançant dans les bras de
son amie, je suis Zima, et ce
n'était pas dans une prison que
je devais vous embrasser.——

Infortunée ! par quel délit...——

Oui, j'en ai fait un dont je m'honore : j'ai eu le courage de me rendre digne de vous.——

Zima vous m'effrayés : chez un peuple que le fanatisme de la liberté égare, il y a plus de danger à être courageuse que criminelle.——

Un peuple égaré demaudait une tête qui nous est chère : seule, j'ai sçu tromper sa rage : seule j'ai sauvé la victime.——

Je vous admire, Zima, et je

tremble. Quelle est cette vic-
tîme ?——

Reconnaissez-là , Éponine ,
aux larmes de tendresse qui
brulent mon visage ; c'est l'être
dont vous vous plaisiés tant à me
vanter la vertu ; c'est l'esclave——

Quoi . . . . Zima , ... c'est
à vous que le chevalier doit sa
délivrance . . . . ?

Eh ! pourquoi me le dire de
cette voix entrecoupée qui semblerait peut-être m'en faire un
reproche ? j'ai fait , Éponine ,
ce que vous auriez fait vous

même ; j'ai tenté avec mon ame ce que vous auriez exécuté avec votre génie : et le ciel, qui pouvait contrarier la justice, a servi l'amour.——

Vous aimés.... Zima....——

Eh ! quel autre sentiment que celui de l'amour, pouvait assés maitriser mes sens, pour me faire oublier mon sexe et mon age : pour aguerrir mon innocence au spectacle effrayant d'un échaffaut : pour jetter une colombe au milieu des vautours, dans l'unique dessein de mourir en leur arrachant leur proie ?

Oui, j'aime mon libérateur, mais je l'aime d'une manière grande, comme aimerait Éponine, si son ame sublime ne dédaignait pas tout ce qui tient à une faiblesse. Mon héros fut un des instruments de ma délivrance, lors de mon premier naufrage ; ce grand service, en lui donnant des droits sur moi compromettait ma fierté ; anjourd'hui en le sauvant à mon tour, je m'élève à sa hauteur, et devenue son égale, je puis mettre quelque gloire à l'aimer.

Un seul sentiment pouvait paraître pénible à mon cœur

j'ignorais si le jeune infortuné
pour lequel j'exposais ma vie, se
pénétrerait de toute la grandeur
de mon dévouement : mais dans
le peu de minutes que j'ai passées
avec lui, j'ai reconnu à l'émotion
de ses sens, au feu de ses regards, qu'il eut été moins satisfait,
s'il n'avait dû la conservation de
ses jours qu'à la froide reconnaissance.——

A ces dernières paroles de
Zima, Éponine, qui, malgré son
déchirement intérieur, avait paru
conserver jusqu'alors quelqu'empire sur elle-même, pâlit tout-à-
coup ; ses yeux se troublèrent ;

elle chancela, en balbutiant
quelques mots d'éloges que son
cœur désavouait ; et si on n'était
venu chercher la jeune sultane
de la part du comité des recherches, elle aurait tout-à-fait
perdu connaissance,

APOLOGIE

DE LA

CONVENTION NATIONALE

Eponine, depuis ce moment, sentit moins le prix de sa délivrance : l'entretien qu'elle venait d'avoir avec Zima, acheva de lui dévoiler un secret qu'elle cherchait depuis si long-temps à se déguiser à elle-même ; elle apprit qu'elle aimait avec violence.

et il lui était affreux sans doute
de ne s'en voir convaincue qu'au
moment où elle avait une rivale.

Une autre circonstance vint
ajouter à l'idée sinistre de son
abandon ; un jour qu'elle par-
courait un des mille libelles pé-
riodiques qu'enfante dans Paris
l'épidémie de la liberté , elle
tomba sur un billet adressé à
Zima , et que les espions des
républicains avaient intercepté ;
le Journaliste annonçait que ce
billet avait été transcrit fidèle-
ment au dépôt du comité des
recherches.

« Vous m'avez sauvé la vie,
« belle et sensible Zima, et cette
« vie est à vous. Soyez tranquille
« sur votre destinée; les farouches
« ennemis de toute espèce de
« courage, n'outrageront pas
« longtemps l'innocence et les
« graces; les murs de votre pri-
« son s'ouvriront devant moi, et
« libre, vous jouirés du spectacle
« de votre grandeur d'ame, ou
« j'aurai vécu.

Un pareil billet, ou, quoiqu'Éponine fut censée dans la même
prison que Zima, son nom même
n'était pas prononcé, ne semblait pas fait pour guérir la bles-

sure profonde de la jeune héroïne : aussi de ce moment, elle
cessa d'être elle-même ; une
léthargie mortelle vint enchaîner
l'activité de son intelligence, et
toute sa gayeté naturelle disparut.

De son côté, le philosophe, à
qui la vie n'était chère, que parce qu'il la partageait avec sa fille,
était bien embarrassé sur les
moyens de charmer ses longues
douleurs. Lorsqu'au milieu de
ses épanchements de cœur, il
évitait de parler du chevalier,
Éponine, absorbée, ne l'écoutait
pas ; lorsque pour la tirer de
sa rêverie, il prononçait ce nom

si odieux et si cher, l'infortunée
versait un torrent de larmes et
priait son pére de changer d'entretien.

Le sage vit qu'il ne fallait pas
heurter, avec violence, la pre-
miére passion d'un cœur, qui joint
à l'énergie de la sensibilité la
consciencede sa vertu ; il laissa
au temps et à la raison sublime
de sa fille, le soin de la guérir,
et à force de distraire son imagination par le spectacle des monuments, des mœurs et des
loix de la nouvelle Babylone,
où il se condamnait à vivre, il
parvint peu à peu à lui faire dé-

sirer la lecture des dernières parties de sa république.

Une des grandes ressources du philosophe pour amortir la passion d'Éponine, était de la mener aux séances de l'assemblée nationale, pour y voir discuter de grandes questions d'état, dont un despotisme inquiet aurait interdit même le nom dans l'enfance des gouvernements.

Malheureusement toutes ces questions, qui n'avaient point été mûries lentement dans le cabinet des philosophes, ne tenant par aucun fil au nouvel

ordre de choses , n'offraient
d'ordinaire d'autre intérêt que
celui d'une vague curiosité. Les
orateurs qui les agitaient voulaient
se faire une renommée et
non appuyer la politique des
états sur la morale éternelle de
la nature.

D'ailleurs on distinguait toujours le but secret de ces incur-
sions philosophiques : on voulait
en imposer à la nation , en cou-
vrant des plans de factieux du
voile imposant des lumières : tel
rhéteur qui délayait pénible-
ment dans de longues harangues
quelques traits rapides du contrat

social, ou de l'esprit des loix, contre le pouvoir absolu, n'avait réellement pour but que d'établir sur les ruines du trône son phantôme de république : tel sophiste, qui traduisait en langue d'énergumène les sages raisonnemens de Montagne et d'Helvetius contre l'intolérance, ne songeait qu'à assurer sa fortune individuelle, dont le trésor public était le garant, en dépouillant le Sacerdoce.

Ce qui peinait le plus la sage Éponine, c'était le peu de majesté qu'offraient dans leurs débats ces Lycurgues éphéméres :

elle avait de la difficulté à ima-
giner qn'il sortit de grandes
choses de cet amas incohérent
de têtes ardentes, dont les uns
s'honoraient de la censure des
législateurs, dont d'autres pro-
posaient de tomber le sabre à la
main sur les dissidents, ou sor-
taient de l'assemblée en se défiant,
pour ressusciter les combats à
outrance de l'ancienne che-
valerie.

Un jour que l'héroïne était
le plus animée contre la turbu-
lence des motions et le désordre
des séances des régénérateurs,
oui, ma fille, dit avec feu le

philosophe, en la serrant dans ses bras, je remplirai ton attente : je dénoncerai à la postérité cette convention nationale, plus coupable encore aux yeux de l'Europe, pour le bien qu'elle a omis, que bien méritante d'elle pour celui qu'elle a fait : je dévoilerai les crimes de son règne ; je démontrerai l'incohérence de sa législation ; une vérité terrible, à laquelle elle ne pourra échapper, la poursuivra de son burin accusateur, à chaque page de ma République.

Cette Convention nationale va mourir ; il est temps de faire le procès à sa mémoire, commé l'antique Égypte le faisait à la cendre fumante des Pharaons : la raison tient le glaive suspendu sur sa tête ; écoute, ma fille, écoute. . . . son apologie.

La France toute entière était sans factions, lorsque le philosophe Necker imagina, pour la tirer de l'abîme de la dette nationale, de mettre des rois déprédateurs sous la tutelle des États-Généraux.

De cette absence de tout esprit de discorde, jointe à la pente invincible qui entraînait toutes les

les parties de la monarchie à la régénération, dut naître une foule de choix heureux, destinés à remplir les espérances d'une grande nation, que ses lumières appellaient à servir de modèle à l'Europe.

Comme il n'y avait alors ni sociétés de constitution ni clubs monarchiques, que l'*Ami du Peuple*, n'était pas plus éveillé que les *Amis du Roi*, que la nation enfin n'était pas partagée comme aujourd'hui en oppresseurs et en victimes, tout le monde parut se réunir à n'envoyer aux États-Généraux que

Tome VII.   D

des hommes d'élite , comme si
la France pressentait déjà le grand
principe : que tout peuple qui
se régénère contracte envers la
morale une sorte de responsa-
bilité , qui consiste dans le choix
heureux de ses représentants.

La plupart des choix se firent,
non dans une populace intrigante
qui ne sait parler qu'à la multitude , mais parmi les classes de
la société dont l'éducation plus
cultivée , annonce plus de lumières : dans l'ordre du clergé,
dans celui de la noblesse , parmi
les hommes de loy , et sur-tout
parmi les gens de lettres.

L'enthousiasme pour le retour de l'ordre , était si général , que toutes les petites vanités individuelles de corps , se turent devant le noble orgueil du patriotisme ; on vit le tiers, dans quelque villes, se faire représenter par des prélats éclairés ou par des ducs citoyens ; l'abbé Syeyes avait été frappé d'anathême par le clergé , comme convaincu par ses écrits du délit si beau et si rare d'être philosophe , et il fut proclamé député des communes par les électeurs de la capitale.

Assurément la nation n'eut point alors à rougir da la plu-

D 2

part des choix faits par le clergé :
il était difficile d'avoir plus de
vertu que les anciens prélats de
Paris et de Clermont, de réunir
à un plus haut dégré que l'ancien évêque d'Autun, la vertu
et les lumières.

La noblesse pouvait, sans se
compromettre aux yeux de la
philosophie, se faire représenter
par des Collendal, des Clermont-
Tonnerre, des la Fayette, des
Cazales, des la Rochefoucault
et des Montmorency.

Parmi ces hommes du Roi,
qui, pendant tant de siècles ont

été sous le nom d'intendants, les fléaux des provinces, qui mieux que le célèbre Malouet a fait pâlir les ennemis du trône, par sa raison courageuse et par son inaltérable probité?

Des noms tel que ceux des Dupont, des Du Séjour et des Fréteau, n'ont-ils pas presque lavé les parlements du crime d'avoir trahi si longtemps la cause publique, lorsqu'ils semblaient les médiateurs-nés entre les murmures des peuples et l'orgueil de la couronne?

Un homme de loi tel que la

D 3

vertueux Mounier, des gens de lettres, tel qu'un Dupont et un Bailly, pouvaient honorer la nation qui les mettaient au rang de ses régénérateurs.

Le bonheur même sembla se joindre alors à l'intelligence et au patriotisme, pour que l'histoire ne désavouàt pas un jour les premiers représentants que la France se nommait dans un siècle de lumières. Une cabale à la fois vile et odieuse avait été chercher un législateur dans la fange des crimes et au milieu de l'opprobre des prisons : et par un hazard heureux, qui confondit toutes les combinaisons de la prudence, ce législateur flétri par la voix publique, se trouva être l'ame d'une convention nationale, le célèbre Mirabeau.

Ces choix, sans doute, auraient pû devenir plus augustes, par la réunion de tant de talents distingués avec le seul génie dont la France eut alors un besoin essentiel, le génie de la législation : mais il y aurait de la dureté à faire, à cette époque, uncrime à la nation de son oubli ; elle désirait la destruction du despotisme ministériel, la réforme du code, la restauration entière des finances : voilà les seuls vœux exprimés

D 4

dans ses cayers , et parconséquent
la seule base des pouvoirs donnés
à ses représentants. Jamais il
n'entra dans l'idée des manda-
taires que leurs douze cents
députés se constitueraient en
convention nationale , qu'ils ré-
duiraient un roi détrôné à n'être
plus qu'un Doge de Venise, et
qu'ils bâtiraieut sur les débris de
l'antique monarchie , une espèce
de gouvernement hermaphro-
dite, ou on égarerait le peuple
au nom de la raison qui doit
l'éclairer : ou on attenterait aux
propriétés avec la loi qui les pro-
tège , et où tout le monde jouirait
d'une liberté indéfinie, except

le citoyen vertueux qui aime la concorde, le philosophe qui a le courage d'être vrai, et le premier dépositaire de la force publique qui ose la déployer contre les perturbateurs,

D'après l'impossibilité démontrée, que la France put prévoir qu'elle avait besoin de se faire représenter par de vrais législateurs, il lui était difficile de faire en général des choix plus heureux, sinon en génie, du moins en talents, en courage et en probité.

Des ennemis du nouvel ordre

de choses, se sont recriés contre
la composition de l'assemblée nationale, qui, maîtrisée exclusivement par trente ou quarante
orateurs, semblait condamner
onze cents soixante représentants
de la nation au silence et à la
nullité. Mes principes moins sé-
vères, tiennent à l'idée, qu'il
n'est pas essentiel de réunir
douze cents hommes d'un grand
talent, dans une assemblée de
régénérateurs, un Mirabeau a
pu préparer la grandeur de la
patrie, et douze cents qui n'auraient pas eu une seule ame,
l'auraient tuée avant de naître.
D'ailleurs, un homme n'est pas

nul, parce qu'il est modeste.
Il y a un vrai mérite, quand le
jugement est sain, à discerner
la vérité au travers des sophismes
brillants dont s'entoure un sophiste discoureur; et si on admire une éloquence impétueuse,
lors même qu'elle s'égare, on
doit aussi des éloges au sang-
froid de l'examen qui la redresse.

On trouvera difficilement, à
cet égard, un tact plus sûr que
dans les prétendus hommes nuls,
qui forment la masse de la convention nationale de France. Ob-
servons leur marche dans les
sessions les plus orageuses ;

malgré les écarts des Démosthène
qui veulent les subjuguer, malgré
les subtilités insidieuses de leur
dialectique, ils adoptent presque
toujours la seule opinion dont un
grand peuple peut s'honorer. A
chaque instant, mon Éponine,
nous sommes tentés de comparer
un état qui veut se rendre libre,
à un navire dépouillé en partie
de ses agrêts, qui vogue sur une
mer inconnue au milieu des
écueils : eh bien les orateurs sont
dans les airs, soufflant les tem-
pêtes : tandisque la masse des
députés silentieux est au gouver-
nail, se créant, des directions
contraires

contraires des vents , un mouvement composé qui amène le
salut du vaisseau de la république;

J'avance peut-être un paradoxe : mais à la vue de la tur-
bulence des motions élevées dans
cette assemblée nationale , et de
la sagesse d'un grand nombre
de ses décrets, je suis tenté de
croire , que ses membres ont été
plus utiles à la chose publique
que ses chefs; si trente ou quarante orateurs ont éclairé la
France , ce sont neuf cents prétendus automates qui l'ont sauvée.

Lorsque de l'étonnemenr où

le met la réunion de tant de choix heureux , l'observateur descend à l'examen raisonné de la marche de l'assemblée nationale , depuis qu'elle conquit la souveraineté , jusqu'à l'époque où elle se créa des ennemis qu'elle ne pouvait pas vaincre avec gloire , il ne peut se défendre de temps en temps d'une admiration , qui , si les plans de perfection proposés avaient été liés ensemble, se serait élevée jusqu'au degré de l'enthousiasme.

Les régénérateurs de la France furent appellés au timon de l'état, dans des temps difficiles , où une démarche fausse compromettait à jamais la chose publique, qu'il s'agissait de sauver, et ils conservèrent alors une attitude à la fois si adroite et si imposante, que le despotisme menacé de sa chute, ne put, ni les attaquer de front avec la force, ni les affaiblir, en les minant obliquement avec le machiavélisme.

Je connais peu de position plus embarrassante, que celle où les représentants du peuple se trouvèrent, à la première époque de leur organisation; ils avaient à combattre la haine ouverte de

E 2

la noblesse et du haut clergé ,
la haine cochée des Séjan de la
ligue ministérielle , et jusqu'aux
irrésolutions d'un monarque plein
de droiture , qui pouvait craindre
qu'on n'empoisonnât un jour sa
générosité.

Toutes leurs premières démarches ne furent qu'une suite de
triomphes : le ministère trem-
bla, le monarque fléchit : envain
perdirent-ils plusieurs mois à
rester en présence devant les
deux ordres , qui ne voulaient
pas communiquer avec eux : cet
état d'inertie qu'ils ennoblirent
par un courage mesuré, servit

plus la patrie naissante que l'audace d'une résistance, qui, en aigrissant à la fois le trône. les nobles et l'église, aurait amené la dissolution de l'assemblée, et étouffé ainsi dans son germe, la race des réparateurs de la monarchie.

Il n'y avait rien de légal, sans doute, dans la démarche hardie des États-Généraux, de se constituer en assemblée nationale : mais ils sentaient qu'ils ne pouvaient point faire de bien sous un nom avili, et ils en usurpèrent un plus distingué, qui les mettait à portée de déployer une puissance tutélaire dans toute son énergie. Si, à cet égard, ils avaient répondu à l'attente des sages, j'incline à croire que de pareils usurpateurs auraient été, de leur vivant même, dignes de l'apothéose.

Il est peut-être moins aisé de justifier leur érection en convention nationale, dont ils se sont attribués, sinon le titre, du moins le pouvoir sans bornes. Car interdire à la nation même la révision d'une chartre constitutionnelle, que le ciel n'a surement pas révélée à ses régénérateurs, c'est lui interdire l'usage de ses droits et la conscience de son bonheur.

Mais ils avaient sous les yeux la convention Anglaise, à l'époque de l'avènement du prince d'Orange : ils sçavaient que ce parlement mémorable n'avait eu besoin que de l'aveu tacite des peuples, pour leur créer le plus beau des gouvernements, et en s'écartant des législateurs Anglais, pour leur code, ils ne virent aucun danger à s'emparer de leur toute-puissance.

Combien ils auraient mérité de la France et de l'Europe entière,

si au lieu d'adopter la convention
de la grande Bretagne qui détrôna
les Stuards, ils avaient eu le courage de choisir pour modèle,
celle des États-Unis Américains,
d'où à résulté le système fédéral
aujourd'hui en activité, chez les
dignes concitoyens de Wasington!
les législateurs, dans cette dernière convention, ne pouvaient
que rédiger la constitution : et il
fallait pour qu'elle devint le Palladium des peuples, que sur les
treize états confédérés, il y en
eut neuf qui la ratifiassent. Telle
est assurément la plus parfaite
des conventions nationales : la
seule qui pose un frein à la

plus redoutable des tyrannies, à celle des législateurs.

Au reste les régénérateurs de la France, en ouvrant leur carrière mémorable, en jettant au milieu des orages, les bases d'un gouvernement ami des hommes, ne pensaient pas qu'ils hériteraient un jour de ces mêmes despotes, qu'ils s'engageaient à assassiner. Leur pensée alors était si pure, qu'ils auraient cru se manquer à eux-mêmes, en s'imposant les mêmes chaînes que les fondateurs de la république de Wasington.

Tout ce que la convention Française a fait de grand, est dû aux lumières, sans doute : mais ces lumières depuis deux cens ans, n'éclairaient que les pages des livres des philosophes : il a fallu que des agens courageux vinssent tirer ce feu sacré de son foyer, qu'ils le plaçassent sur l'autel de la patrie, et qu'ils s'en servissent à bruler tous les titres oppresseurs, qui insultaient à la raison humaine. Les écrits immortels des sages, ont préparé la révolution, ont indiqué sa marche, mais pour l'exécuter il fallait plus que des livres, il fallait des hommes.

Ils étaient des hommes sans doute, ces plébeyens magnanimes, qui, malgré douze cents ans de despotisme et de fanatisme, imaginèrent d'arracher une grande nation au trône et à l'autel, et de la ramener avec les seules armes de l'opinion à la morale éternelle de la nature.

Ils étaient des hommes, ces régénérateurs, qui dans l'intervalle de moins de trente mois, remuèrent plus de vérités importantes, que n'en soupçonnerent pendant trente siècles, Rome les empires d'Orient et toute les républiques du Péloponèse

Ils étaient des hommes, ces législateurs qui mirent la coignée
à l'arbre oppresseur de la féo-
dalité, qui le frappèrent dans sa
tige, en abolissant les ordres ar-
bitraires, les lettres de cachet,
et les prisons d'état; qui en mu-
tilèrent les branches, en anéan-
tissant toutes ces tyrannies secon-
daires, subdivisées à l'infini, qui
composaient le droit public.

Je connais peu de moments
plus beaux dans les annales des
grands empires, que celui où le
roi, la noblesse, les corps, les
pays d'états, se réunirent pour
renoncer à leurs privilèges; au-

cune pompe triomphale , aucun
jour de victoire , ne vaut , à cet
égard , la nuit des sacrifices.

Je connais peu d'idée politique
plus grande que celle de détruire
jusqu'aux noms des provinces , et
de n'admettre, dans la monarchie,
d'autre division que celle qui en
conserve l'unité.

Je connais peu de principe de
gouvernement plus heureux que
d'admettre , pour les seules impositions légales , celles que la
nation a décrétées, de soumettre
les dispensateurs des revenus
publics à la tutelle la plus rigou-

reuse, et de faire sortir d'une
sage rép rtition des tributs, la fé-
licit des cultivateurs, ces créan-
ciers de la terre et de la nature,
comme l'a dit l'assemblée nationale elle-même, dans une de ses
adresses.

Je scais, ainsi que tous les
hommes d'état, que les régénérateurs de la France sont bien
loin, sous tous ces points de vue,
d'avoir poussé leurs conquêtes
philosophiques sur les préjugés,
jusqu'aux colonnes d'Hercule :
assurément, en acceptant les
sacrifices du trône, ils n'ont pas
eu l'utile générosité d'en faire

la clef de la voute politique :
leur division de la France est mes-
quine et dessinée contre nature ;
le mode de la plupart de leurs
impositions pèche par les bases ;
mais enfin les idées primordiales
sont jettées , d'autres législatures
viendront, qui rectifieront l'ouvrage de celle-ci, et ne la feront
pas oublier.

C'était encore une idée digne
de l'homme social dans toute sa
maturité, de ne point appeller
a naissance exclusivement, au
pouvoir, et de rendre propre à
toutes les places tout citoyen qui
avait le génie de les remplir.

De cette idée simple et grande, dérivait de lui-même l'anéantissement de la noblesse et du haut clergé, sans qu'il fût besoin d'appeller à son secours, les confiscations de propriétés, les tables de proscription, et toutes ces violences patriotiques, qui ne diffèrent que de nom, de l'*instrumentum regni* de Tacite, c'est-à-dire, des coups d'état, dont les Tibère et les Néron faisaient l'Égide de leur monarchie.

Je ne craindrai point de dire encore, que l'assemblée constituante a plané au dessus de toutes les législations connues, en reléguant dans la fange du plus obscur machiavélisme, toute cette misérable politique des négociateurs, qui, née du sentiment de sa faiblesse, et ne connaissant que l'art de tromper les souverains, ravalait la dignité d'ambassadeur, au vil métier d'espion; elle a appris à la France le secret de sa supériorité, en éclairant, du grand jour de la publicité, ses opérations diplomatiques, et surtout en manifestant à l'Europe son vœu sublime de renoncer à jamais aux conquêtes.

Si de tant de choses mémorables, en législation, on des

cend aux démarches personnelles
de la convention nationale, on
ne peut s'empêcher de reconnaître que, dans quelques occasions d'éclat, elle a payé avec
usure le tribut que la France attendait de son patriotisme et de
ses lumières.

La partie plébeyenne, qui, à
l'époque de ses divisions avec le
patriciat, était assurément l'élite
de l'assemblée, se conduisit avec
une supériorité digne de servir
de modéle, pendant tout le temps
qui s'écoula entre la formation
des États-Généraux, et le fameux
it de justice de la séance royale.

Sa circonspection fut égale à sa fermeté. Si elle n'avait été que prudente, la France n'avait point encore de patrie, si elle n'avait eu que l'exaltation du courage, la patrie naissante aurait été renversée.

Quelque faibles mêmes que se soient montrés les législateurs, à la séance royale, quoique ces hommes délégués pour foudroyer toutes les espèces de despotisme, tremblants au premier acte du pouvoir arbitraire, n'eussent imaginé, pour se relever aux yeux de la nation, que la ressource impuissante de manifester leur civisme dans l'ombre d'un jeu de paume, cependant il y aurait de la dureté, dans ces premiers tâtonnements d'un état qui s'organise pour la liberté, de ne pas rendre justice au demi courage, qu'ils manifestèrent dans leur serment : c'était déjà un grand pas vers la régénération, que de déployer ce demi courage contre le despotisme, au milieu de vingt mille bayonnettes.

Toutes les fois que les ennemis de la chose publique, ont pu soupçonner de l'ambition, ou dumoins une sorte d'égoïsme, dans l'exercice de leur toute-

puissance, ils ont eu la grandeur
d'ame de se faire justice. Ils
étaient les seuls représentants du
souverain, dans le premier période
des calamités, et ils ont refusé
le titre de nosseigneurs, qu'on
leur déférait dans les adresses :
on prêtait à quelques-uns de leurs
membres les plus distingués, des
vues secrettes au ministère, et
ils ont déclaré l'emploi de re-
présentant de la nation, incom-
patible avec aucune des places
du ponvoir exécutif ; on les ac-
cusait de vouloir se perpétuer
dans les fonctions augustes de
régénérateurs, et ils ont presque
achevé, en moins de trente mois,

un ouvrage immense, qui semblait demander vingt ans de tra-
vail aux plus beaux génies de
l'Europe dans leur maturité.

Le plus superbe moment, à
mon gré, de la convention nationale, est celui où le roi eut la
faiblesse de quitter en fugitif,
une monarchie, où le suffrage de
tous les cœurs vertueux l'assurait
qu'il régnait encore. La réunion
de tous les esprits, lorsque tout
présageait une guerre immortelle
entre les conjurés des deux factions : l'attitude fière et noble
des représentants Français au
milieu de la crise de la capitale,

le calme et la sagesse de leurs
décrets dans les convulsions de
l'anarchie naissante, caractérisent
les vrais instituteurs de la terre,
et sont au dessus de mes éloges.

Tels sont les titres de la convention nationale, à la reconnaissance d'un peuple magna-
nime qu'elle régénère, et à
l'admiration tacite de l'Europe,
qui bénit en secret la France,
jusqu'à ce qu'elle ait le courage
de l'imiter. Malheur à moi, si, en
les exposant, mon ame glacée ne
s'ouvrait pas aux plus pures jouis-
sances ! c'est en relevant avec
une sorte d'enthousiasme, ce que

les régénérateurs ont fait de grand, que je me rends digne, aux yeux de la postérité, de foudroyer une partie de leur ouvrage.

———

EXAMEN

EXAMEN PHILOSOPHIQUE,

DE LA DÉCLARATION

DES DROITS DE L'HOMME.

Le philosophe employa plus d'un entretien à cette apologie de la convention nationale, et il en renouait toujours le fil avec peine, à cause des longs intervalles qu'y mettaient le dépérissement de la santé et les nouveaux malheurs d'Éponine. Ma fille, disait-il un jour, le temps vient à

Tome VII. F

chaque minute aggraver le fardeau de ma vieillesse ; tu as appris de ma bouche le bien qui restera de la législation Française , dans la mémoire des hommes ; je crains bien que le mal , dont j'avais à t'entretenir, tu ne l'apprennes que par l'organe de l'histoire

Éponine n'entendit point ces funestes adieux : toute entière à un chagrin dont elle n'osait calculer ni la profondeur , ni la durée , elle ne semblait tenir á la vie , que par l'habitude de faire le bonheur d'un père , et par le tableau toujours renaissant des

premiers beaux jours d'une passion, qui la conduisait alors à
pas lents vers la tombé. Une des
idées qui remplissait le plus son
ame sensible d'amertume, c'est
que le héros de Zima était libre,
et que depuis plusieurs mois d'in-
fidélité, il n'avait jamais songé à
mettre, à force de remords,
quelque baume sur la blessure
de sa première amante, de cette
amante, à qui il faisait gloire de
devoir les bienfaits du dernier
empereur, sa douce philosophie,
et peut-être sa vertu.

Platon, qu'une longue ex-
périence des hommes et des

choses, avait instruit à nier tout
quand il ne voyait rien, et même
à douter encore quand il avait
vû, Platon, dis-je, se permettait
de temps en temps de dire à
Éponine, que plus d'une fois
la sensibilité avait calomnié
l'amour ; et il aurait parlé à cet
égard avec bien plus d'assurance,
s'il avait été instruit de la scène
touchante qui s'était passée dans
la prison du Châtelet, peu dé
jours après sa délivrance.

A peine Zima avait-elle passé
quelques nuits dans ce lieu d'opprobre et de douleurs, où l'avait
conduite sa générosité, que le

chevalier ; non moins héros qu'elle, était venu trouver secrettement le geolier, et lui avait proposé de reprendre ses fers, à condition qu'il verrait tomber ceux de sa libératrice ; si ce geolier avait eu l'ame de bronze, que supposait sa place, il aurait vû, avec la joie de la férocité, qu'au lieu d'une victime, il en avait désormais deux à tourmenter ; mais c'était, ainsi que nous l'avons observé, un homme de bien, supérieur par son ame à son emploi, qui ennoblissait ses sinistres fonctions, en adoucissant le sort des malheureux que la loi confiait à sa garde : il versa des

F 5

larmes amères sur la générosité
du chevalier, et alla jusqu'à tomber
à ses genoux, pour le dissuader
d'un trait d'héroïsme qui le dévouait à la mort : le jeune infortuné fut inébranlable. Cette
victoire terrible remportée, il
fallut livrer un autre combat pour
obtenir la délivrance de Zima,
sans trop compromettre le sensible geolier qui fermerait les
yeux sur son évasion : comme
le mot de devoir était sans cesse
sur la bouche de l'austère vieillard ; eh bien, dit le chevalier,
laissez-moi libre encore quelques
heures, je vous sauverai tous
deux : abandonnés à ma probité

le soin de votre honneur et la liberté de votre captive.

La sultane était petite et de la taille la plus svelte : le chevalier, sans se faire connaître d'elle, la fit prier de se renfermer dans un étui de harpe , qu'il avait eu soin d'apporter , et dont le volume était trop faible pour donner le soupçon le plus léger auxgardiens subalternes de la prison ; ensuite la chargeant sur ses épaules, il la transporta, sans péril , hors de l'enceinte du Châtelet. Zima fut déposée dans l'étui de harpe entrouvert, à la porte même de sa maison . et

F 3

son libérateur , au premier mouvement qu'elle fit afin de jouir
de sa liberté , s'échappa en silence , pour reprendre ses fers
dans l'ancien appartement d'É-
ponine.

Déjà plus d'un mois s'était
écoulé , et le héros sensible et
généreux , restait également in-
connu aux deux êtres , qui
avaient tant d'intérêt à veiller
sur sa destinée , à Zima qui le
croyait libre et indifférent , à
Éponine qui le jugeait errant
et infidelle : il vivait cependant :
mais comme il ne tenait à l'existence que par ce qui pouvait lui

rappeller l'image d'une amante, tous les moments qu'il pouvait dérober à la tendresse inquiète du geolier devenu son ami, il les passait prosterné dans l'angle de la muraille, où l'amour avait unis les noms de Villeneuve et d'Éponine,

Un jour qu'il s'entretenait avec son hôte généreux, sur ce système philosophique de liberté Française, qui ne semblait destiné qu'à peupler les prisons et les échaffauts, je veux, dit le vieillard, vous communiquer un fragment de manuscrit sur cet objet, que j'ai trouvé dans cet appartement même , et dont l'écriture tremblante et raturée se dérobe à chaque instant à mon intelligence ; le peu que j'en ai pû lire , a parlé à mon cœur ; jeune homme , j'espère qu'il dira quelque chose au votre : car la nature n'a pas fait deux moules , l'un pour le cœur d'un geolier et l'autre pour celui d'un philosophe.

Quel fut l'étonnement du chevalier , lorsqu'à la vue de ce fragment, il reconnut que c'était l'ouvrage du père illustre d'Éponine , et peut-être sa première pensée , quand il vit l'informe

vestibule que les régénérateurs
de la France avaient mis au devant
du grand édifice de leur législation !

Il est probable que le sage,
ayant tiré une copie régulière de
cet écrit, avait négligé le manuscrit original, qui s'était égaré
dans sa prison. Le chevalier,
en jettant machinalement les
yeux sur la couverture sordide
et mutilée du fragment, reconnut aussi quelques phrases sans
ordre, de la main d'Éponine, que
son cœur égaré, semblait avoir
jetté sur un papier destiné aux
flammes, comme pour se dé-

charger sans pèril du poids im-
portun d'une confidence.

Que m'importent vos phrases
fastueuses sur les droits de
l'homme, quaud il n'existe ici
d'autres droits que ceux des
tyrans : quand votre code de
liberté à la main, vous me
retenez dans un cachot,... et que
vous l'assassinés ! . . . .

Et quels assassins, ó ciel !
que ceux qui frappent avec
l'épée de la loi : qui déshonorent
l'infortuné dont ils se vengent :
et tentent de ravir dieu, l'es-
time des hommes et le sentiment
de l'immortalité à leur victime !..
L'assassiner ! . . .

L'assassiner !... lui, dont le cœur est plus pur que vos l..x : lui, dont la douceur des regards et les graces touchantes de la jeunesse, apprivoiseraient ..... *Hommes de sang, pourquoi faut-il que je rougisse ici d'autre chose que de votre férocité !...*

L'infortuné baisa plusieurs fois avec transport ces caractères, sacrés pour lui, qu'il inondait en même temps de ses larmes. Ce ne fut qu'après un long intervalle, que, revenu un peu à lui-même, il essaya de lire d'une voix éteinte et entrecoupée, le fragment du philosophe.

Tome VII.   G

« C'est une étrange idée, de
« la part des architectes de la
« constitution Française, d'avoir
« imaginé qu'ils ne pouvaient
« élever un édifice de loix sur
« la base de la liberté publique,
« sans lui donner un vestibule.

« Je conçois comment un mo-
« nument, érigé pour des des-
« potes, doit avoir une magifi-
« cence qui en impose : comment
« il faut l'entourer de colonnes
« qui écrasent le sol qui les porte :
« comment on peut le faire pré-
« céder d'un perystile qui arrête
« les flots toujours renaissants de
« la multitude.

« Mais un édifice consacré,
« non aux rois . mais aux nations
« qui se rapprochent de la na-
« ture , ne comporte . aux yeux
« de la philosophie , que la plus
« simple architecture : le moindre
« ornement le dégrade : loin de
« masquer son portique par un
« vestibule , il faudrait , s'il était
« possible qu'il fut percé à jour
« dans toute son enceinte : un
« monument destiné à loger la
« liberté , ne devrait peut-être
« avoir que des portes , pour re-
« cevoir le genre-humain.

« Je conçois comment un gou-
« vernement , où le despotisme

G 2

« seul est législateur, il peut
« être utile, quand on blesse
« dans une loi, la raison des
« peuples, de se reconcilier avec
« elle dans son préambule. Il
« n'y a rien de plus philosophique
« que les préliminaires de cer-
« tains rescrits des Tibère et des
« successeurs de Justinien sur les
« délits de lèze-majesté. Vers la
« fin du règne de Louis XV,
« les édits du conseil les plus
« oppresseurs, étaient ceux, qui,
« à l'ouverture, manifestaient la
« haine la plus raisonnée contre
« l'oppression ; mais lorsqu'une
« nation toute entière s'organise,
« est-il besoin qu'elle se justifi

« à elle-même sa constitution ?
« l'apologie de ses loix doit-être
« dans ses loix mêmes : si elles
« sont bien faites, elles auront
« pour la multitude la force d'une
« révélation : elles descendront
« du ciel sans préface, comme
« le Coran des Arabes et notre
« Évangile.

« Malheureusement les gens
« de lettres de l'assemblée cons-
« tituante, sçavaient que Zaléu-
« cus avait fait précéder d'un
« bel exorde, le petit code de
« loix civiles qu'il avait donné
« à une petite ville de Locres,
« et ils crurent qu'on pouvait

G 3

« régénérer une grande monar-
« chie, dans la même forme,
« avec laquelle un sophiste grec,
« avait organisé un atôme de
« République.

« Voyons maintenant, si en
« adoptant une idée Grecque,
« étrangère peut-être à leurs tra-
« vaux, les Zaléucus de la
« France ont mis dumoins quel-
« qu'étincelle de génie dans leur
« préface.

« *Les représentants du peuple*
« *Français, constitués en assem-*
« *blée nationale, considerant*
« *que l'ignorance, l'oubli, ou le*

« mépris des droits de l'homme,
« sont les seules causes des mal-
« heurs publics et de la cor-
« ruption des gouvernements,
« ont résolu d'exposer, dans une
« déclaration solemnelle, les
« droits naturels, inaliénables
« et sacrés de l'homme, afin que
« cette déclaration constamment
« présente à tous les membres
« du corps social, leur rappelle
« sans cesse leurs droits et leurs
« devoirs, afin que les actes
« du pouvoir législatif, ceux du
« pouvoir exécutif, pouvant être
« à chaque instant comparés
« avec le but de toute institution
« politique, en soient plus res-

« pectés ; afin que les réclama-
« tions des citoyens, fondées dé-
« sormais sur des principes
« simples et incontestables,
« tou nent toujours au maintien
« de la con t'tution et au bon-
« heur de tous.

« Voici je pense, la réduction
« de cet exorde verbeux à ses
« élémens : ou si l'on veut, la
« traduction de cette période
« oratoire dans la langue philo-
« sophique, qui est celle de la
« précision.

« L'assemblée nationale, con-
« sidérant que l'ignorance ou le

« *mépris des* DROITS DE L'HOMME,
« *sont les seules causes des mal-*
« *heurs publics,* a résolu d'ex-
« poser *les* DROITS DE L'HOMME,
« *pour que cette déclaration*
« *rappellât sans cesse aux mem-*
« *bres du corps social, les* DROITS
« DE L'HOMME.

« Je rougirais pour la France,
« d'appuyer sur l'impéritie d'une
« pareille rédaction. Il s'agit bien
« d'être homme de lettres, quand
« on est en présence de la ma-
« jesté des loix : de péser des
« mots dans la balance du gout,
« lorsqu'on a à discuter une
« grande théorie, sur laquelle

G 5

« repose la paix du genre-
« humain.

« De ce préambule insignifiant,
« lés régénérateurs passent sans
« transition à la déclaration même
« des droits de l'homme : mais
« ici se présente un des problêmes
« les plus importants de la mo-
« rale des états.- Faut-il annoncer
« des droits à l'homme social,
« qu'il s'agit de courber sous le
« joug des devoirs ? et ce pro-
« blême, qui aurait embarrassé
« pendant un demi-siècle, tous
« les sages du Portique, a été
« résolu, en quelques séances,
« par les Solons d'un jour,

« qui conduisaient l'assemblée
« nationale.

« Si je porte mes regards sur
« les monuments de l'histoire,
« je vois d'abord que cette
« grande question semble avoir
« été décidée négativement par
« le silence profond de tous les
« législateurs , dont l'antiquité
« s'honore ; ni Moyse , ni Solon ,
« ni Lycurgue , ni Numa , ni
« Anacharsis , ni Zoroastre , ni
« Confugtsée , ni même ce Za-
« léucus, dont il nous reste une
« éloquente préface , n'ont fait
« précéder leurs codes d'une dé-
« claration des droits de l'homme;

« ce concert de tant de beaux
« génies, qui parlaient à la rai-
« son humaine, de tous les points
« de la surface de la terre, ne
« laisse pas que d'avoir quelque
« chose d'imposant : il eut mieux
« valu peut-être tenter d'en pé-
« nétrer la cause, que de con-
« tredire les instituteurs du
« monde, sans les refuter.

« Et cependant on ne sçaurait
« accuser ces grands hommes,
« d'avoir méconnu les élémens
« des sociétés. qu'ils organisaient;
« on voit à la sagesse profonde
« de la plupart de leurs insti-
« tutions, qu'avant de jetter

« l'homme dans le moule social ,

« ils s'étaient emparés de sa na-

« ture , et qu'ils l'avaient suivi

« en silence depuis ses premières

« sensations , jusqu'aux derniers

« développemens de son intel-

« ligence.

« On ne peut analyser le cœur

« de l'homme , sans reconnaitre

« les titres qu'il a au bonheur :

« ainsi les anciens législateurs

« étaient instruits de nos droits ,

« et si leur manifestation à toutes

« les classes de la société avait

« été essentielle à son harmonie,

« ils n'auraient pas conjuré contre

« le repos de la terre , en les lui

« dissimulant. Cette induction
« est d'une vérité majeure, et
« elle nous conduit á un étrange
« résultat : car, si l'assemblée
« nationale a rendu à l'homme
« sa dignité, en imaginant une
« déclaration de droits, il est
« évident que les instituteurs des
« premiers peuples, se sont ren-
« dus coupables du crime de lèze-
à humanité, en dédaignant ce
« préambule de leurs loix : et
« alors il faut faire comme le Si-
« cambre de Clovis, il faut bruler
« ce qu'on a adoré et adorer ce
« qu'on a brulé.

« Soyons justes ; les législateurs

« de l'Orient , de Rome et du
« Péloponèse ont connu les droits
« de l'homme : c'est sur ces
« droits qu'ils ont établi leurs
« codes : mais ils se sont bien
« gardés de déchirer le voile re-
« ligieux, qui couvrait aux yeux
« de la multitude ces principes
« primitifs : ils ont creusé dans
« les profondeurs du sol de la
« politique, pour y placer l'arbre
« majestueux des loix. le peuple
« est venu recueillir le bonheur
« sous son ombre, et il n'y a que
« les sages, qui ont soupçonné
« que les droits à ce bonheur,
« étaient dans ses racines.

« Et il s'en faut bien que la
« cause de cette circonspection,
« soit impénétrable à nos lu-
« mières : il me parait démontré
« que les sages instituteurs de
« l'antiquité sentaient, qu'une
« multitude sans principes et sans
« frein, qui, dans les états les
« plus civilisés, compose les deux
« tiers de la nation, abuserait
« d'une connaissance vague et
« aveugle de ses droits, pour sé
« maintenir sans cesse en état
« d'insurrection. Ils étaient con-
« vaincus qu'il ne fallait pas
« donner les cent yeux d'Argus
« à des hommes qui n'existent
« dans le corps politique que

« par leurs bras ; et que dire à
« des millions d'automates, qu'il
« ne faut que protéger, qu'ils
« sont égaux à leurs protecteurs,
« ce n'est pas épurer le com-
« mandement, mais dissoudre la
« société, en brisant partout les
« liens de l'obéissance.

« D'ailleurs je voudrais bien
« sçavoir à quel période de
« l'existence politique de la so-
« ciété, les nations ont besoin
« d'être instruites des droits
« qu'elles tiennent de leur nature,
« d'examiner leur code, et dans
« le cas ou leurs institutions ten-
« draient à la perversité, de frap-

« per d'anathêmes leurs législa-
« teurs.

« Si l'état est neuf , comme
« la Scythie civilisée par Ana-
« charsis, la haute métaphysique,
« sur laquelle repose une décla-
« ration de droits , n'est point
« à la portée de l'intelligence
« nationale : parce que tout le
« monde est peuple , excepté le
« législateur.

« Si le corps social, joint aux
« mœurs d'un peuple neuf, la
« civilisation d'un empire dans
« sa maturité, comme la Caro-
« line de Locke et les états-unis

« de la république de Wasington,
« une déclaration de droits est
« inutile : car la volonté géné-
« rale est éclairée : la nation
« sçait que ses législateurs ne
« marcheront pas sans fil dans
« le dédale des loix, et elle ne
« leur fera pas l'injure d'exiger
« d eux. qu'ils annoncént solem-
« nellement, qu'ils ont appuyé sur
» les droits du genre-humain, un
« code suprême, qui sans cette
« base ne serait qu'une suprême
« absurdité.

» Enfin, si la nation qu'on
« organise, joint à une ancienne
« civilisation les mœurs dépra-

« vées d'une monarchie dans sa
« décadence, il pourrait se faire
« qu'une déclaration de droits
« fut à la fois inutile et crimi-
« nelle : inutile, en ce qu'elle
« n'apprendrait rien au citoyen
« éclairé qui n'abuse jamais : cri-
« minelle, en ce qu'elle instrui-
« rait une multitude sans prin-
« cipes, qui abuse de tout, à
« solliciter, le poignard à la main,
« l'insolente absurdité des loix
« agraires, la destruction des
« propriétés dont elle ne peut
« jouir, et l'assassinat de l'homme
« tranquille, dont elle ne peut
« voir sans jalousie l'opulence
« ou les lumières.

« On pouvait soupçonner l'inu-
« tilité de la déclaration des droits
« en France, à ne l'envisager
« que par son peu d'authenticité.
« On sçait que, lorsque l'assem-
« blée constituante eut statué.
« qu'il y en aurait une, au devant
« du corps des loix nouvelles, on
« en présenta au moins soixante
« toutes différentes entre elles,
« à la discussion ; or , si jamais
« ouvrage philosophique , exigea
« de la concorde de la part de
« ses rédacteurs, c'est assuré-
« ment celui où l'on trace à
« l'homme ses propres élémens.
« Que dans une assemblée de
« douze cents hommes d'état, un

« seul réclame contre des prin-
« cipes qui sont gravés dans tous
« les cœurs, on est tenté d'en
« soupçonner l'inexactitude ; et
« cinquante - neuf déclarations
« fausses , semblent devoir ôter
« à la soixantième toute sa vali-
« dité.

« Je voudrais jetter un voile
« officieux sur le soupçon de
« crime, qui pourrait rendre
« odieuse la déclaration Fran-
« çaise. Trouver des coupables
« est un fardeau pour mon ame
« douce et paisible : les trouver
« parmi des législateurs que je
« révere, c'est ajouter encore

« à l'intensité de mon supplice.

« Mais l'intérêt du genre-humain
« pour qui j'écris, parle plus
« impérieusement à ma raison
« que la cause isolée de douze
« cents hommes ne parle à ma
« sensibilité : je laisserai donc
« errer ma plume libre et pure
« au gré de ma pensée, parce
« que j'aurai moins à rougir,
« d'avoir dit une vérité cruelle
« à la Convention Française, que
« d'avoir usé d'une réticence qui
« outragerait la morale.

« Oui, quoique le but des
« législateurs de la France, en
« exposant les droits de l'homme,

« n'ait été que de prémunir un
« grand peuple contre les atten-
« tats du pouvoir absolu, cette
« Arche bienfaisante qui devait
« à lui servir d'azile après son
« naufrage, est devenue, contre
« l'intention des architectes, une
« boëte de Pandore, d'où se
« sont exhalés les révoltes, les
« proscriptions, les assassinats et
« tous les fléaux de l'anarchie.

« Le conseil d'état composé
« tout entier, à cette époque,
« de ministres patriotes, pres-
« sentit l'abyme qu'ouvrait sous
« la monarchie, l'inexpérience
« des législateurs, et il tenta de
　　　　　　　« sauver

« sauver les peuples de leurs
« propres fureurs, en éloignant
« la sanction royale : vaine pru-
« dence ! la lumière fatale avait
« frappé les yeux de la multitude ;
« à la vue de ses droits, elle
« ne connut plus ses devoirs ;
« elle remplit en un instant tout
« l'intervalle qui la séparait du
« monarque ; elle s'arrogea la
« toute-puissance que donne la
« force, et le trône faillit à être
« renversé,

« Je ne crois point aux présages :
« c'est la philosophie de la
« faiblesse, et jamais la faiblesse
« n'a lû dans l'avenir ; mais les

Tome VII. H

« sages de l'assemblée nationale
« ne purent se dérober au plus
« sinistre pressentiment , quand
« ils virent le cinq octobre 1789 ,
« les brigands déchainés de la
« capitale , le poignard dans une
« main et la déclaration des droits
« dans l'autre , marcher vers le
« château de Louis XVI, pour
« lui arracher une sanction que
« sa probité désavouait ; il était
« permis sans doute à l'ame la
« plus forte , de concevoir des
« terreurs sur les suites terribles
« d'un principe de constitution ,
« dont l'acceptation pure et
« simple de la part du monarque

« était contemporaine de la nuit
« des régicides.

« Si ce sont des sophistes qui
« ont proposé en France la dé-
« claration des droits, ce sont des
« hommes de bien, qui, en y
« adhérant, l'ont fait adopter;
« et ces derniers n'ont pu partir
« que du principe, que, dans
« une révolution, qui doit son
« origine aux lumières, tout le
« monde doit être éclairé, depuis
« le trône jusqu'à la poussière.

« Personne n'a plus de foi que
« je n'en ai à l'influence des
« lumières; personne n'en désire

H 2

« plus la propagation, pour
« épurer la masse du genre-
« humain ; mais il me semble
« que c'est rendre le plus mauvais
« service aux bras du corps po-
« litique, que de leur donner
« le désir d'en devenir la tête,
« sans leur en assurer en même
« temps les moyens.

» C'est surtout à une mul-
« titude abrutie par douze siècles
» de despotisme, qu'il faut bien
» se garder de montrer tout d'un
» coup les titres originels de son
» indépendance : elle est, à cet
» égard, comme ces victimes
» des Séjan et des Richelieu,

„ qui ont vu blanchir leurs che-
„ veux dans les cachots des pri-
„ sons d'état : si vous leur pré-
„ sentés sans ménagement un
„ foyer de lumières, vous ne
„ les éclairés pas, vous les
„ aveuglés ; et l'expérience de
„ tous les siècles nous apprend,
„ que c'est en faisant mouvoir
„ des aveugles, que les factieux
„ détruisent les trônes et les
„ républiques.

« La raison ne doit parvenir
„ dans la fange obscure où s'agite
„ la multitude, que comme un
„ jour doux qui l'éclaire par
„ dégrés ; sa première influence

H 3

„ est de la faire rougir d'avoir
„ perdu sa dignité : ce premier
„ succès obtenu, l'homme d'état
„ peut lui montrer, dans sa dé-
„ pendance non des hommes
„ mais des loix, le moyen de
„ la recouvrer : enfin quand elle
„ est digne de raisonner son
„ obéissance, on peut, sans
„ danger, mettre dans ses mains
„ l'arme terrible de la déclara-
„ tion des droits ; elle ne s'en
„ servira alors que pour frapper
„ les tyrans et les ennemis des
„ lumières.

„ Ma théorie, à cet égard,
„ se réduirait à un seul axiome

„ Législateurs, voulez-vous main-
„ tenir l'harmonie dans les em-
„ pires que vous organisés ? nc
„ montrés à la multitude qui
„ obéit, que ses devoirs : n'of-
„ frés à l'homme qui commande
„ que les droits de la multitude.

„ Mais enfin je suppose un
„ moment que ma théorie est
„ l'effet d'un amour timide pour
„ le bonheur des hommes : je
„ veux croire que le conseil de
„ Louis seize s'est trompé, ainsi
„ que Necker, l'Aristide de la
„ France, le célèbre Raynal,
„ l'intrépide Guibert, et cette
„ foule de philosophes éclairés

H 4

,, qui ont foudroyé la déclara-
,, tion des droits : je tacherai de
,, me persuader que les révoltes
,, du peuple contre le pouvoir,
,, ne viennent pas de ce germe
,, empoisonné de discordes : du
,, moins tout porte à penser que
,, l'énumération des titres de
,, l'homme social que renferme
,, la déclaration , est de la plus
,, scrupuleuse exactitude ; car la
,, moindre erreur en ce genre
,, serait un délit de lèze-huma-
,, nité ; examinons.

,, L'assemblée nationale , après
,, s'être placée *en présence et*
,, *sous les auspices de l'être Su-*

„ *prême*, déclare solemnellement
„ que *les hommes naissent et*
„ *demeurent libres et égaux en*
„ *droits :* tel est, dans l'esprit
„ des législateurs, le premier
„ titre qui rappellera à l'homme
„ qui commande. ses devoirs,
„ et à celui qui obéit, sa dignité.

„ J'aime à voir le nom de
„ l'être Suprême à la tête du
„ plus bel ouvrage de notre
„ entendement, de celui qui plie
„ avec succès l'homme sauvage
„ ou mal-civilisé, au joug tuté-
„ laire de la morale. Je remercie
„ les législateurs Français au nom
„ de l'humanité, de n'avoir

,, pas invoqué en particulier le
,, dieu de Moyse, ou celui de
,, Mahomet, ou celui du Christ,
,, ou celui de Foë ; mais seule-
,, ment le dieu qui embrasse
,, l'univers dans son culte, le
,, dieu de l'homme par excellence,
,, le suprême ordonnateur des
,, mondes.

,, Mais plus ce nom est sacré,
,, moins il doit être pris envain.
,, L'assemblée nationale, en met-
,, tant ses principes en présence
,, de la divinité, a contracté
,, l'engagement solemnel de n'en
,, laisser échapper aucun qui
,, n'eut la pureté du témoin

,, qu'elle invoque. Il serait en
,, effet trop dangereux que la
,, multitude, éclairée un jour sur
,, le néant des titres de sa gran-
,, deur, n'accusât à la fois le
,, ciel et la terre de l'avoir trom-
,, pée, et que dans sa juste haine
,, contre les artisans de sa longue
,, erreur, elle ne secouât le
,, double frein qui l'enchaîne à
,, la société, celui des loix, et
,, celui de la religion.

,, Je marche ici sur des char-
,, bons ardens, empreints des
,, stigmates de tous les hommes
,, courageux, qui ont osé, avant

„ moi, dire une vérité mâle et
„ fière aux régénérateurs.

„ *Les hommes naissent libres—*
„ de quel monde nous parlent
„ ici les législateurs ? est-ce du
„ nôtre ? est ce de cette chimère
„ brillante de l'imagination phi-
„ losophique, qu'on appelle le
„ monde de la nature ?

„ Assurément, il n'y a rien
„ de moins libre à sa naissance
„ que l'homme de notre monde
„ civilisé. Il dépend du sol qui
„ le soutient et du soin qui le
„ nourrit : ami ou ennemi, tout
„ ce qui l'avoisine devient son
„ maître ;

ʼʼ maître ; il porte , à la fois , les
ʼʼ chaînes de lʼhomme et celles
ʼʼ de la nature.

« Sʼagit-il de lʼhomme sauvage,
« quʼon suppose dans des romans
« philosophiques, errant dans les
« bois, nʼayant que sa pudeur pour
« vêtement, ne tenant que par
« les rapports physiques au sys-
« tème des êtres, sʼunissant à une
« femme sans la rendre sensible,
« et en jouissant sans lʼaimer ?

« Ce serait compromettre la
« dignité des législateurs, que de
« supposer quʼils ont fondé leur
« Code sur des abstractions mé-
« taphysiques et des hypothèses,

Tome VII.   L

« Assurément il n'y a dans l'his-
« toire, aucune époque ou l'hom-
« me ait vécu dans l'isolement fa ?
« rouche des Panthères et des Ja-
« guars. Où ses parents ont pro-
« tégé son berceau, et deslors il est
« entré dans le monde social, et a
« connu la dépendance des de-
« voirs : où sa famille à abjuré la
« nature, et il est mort.

« L'unique sens raisonnable,
« qui semblerait dabord résulter
« du premier article de la décla-
« ration des droits, c'est que si
« l'homme naît libre, c'est parce
„ qu'il naît avec le sentiment de
« sa liberté : mais cette interpré-

« talion, toute forcée qu'elle est,
« manque encore d'exactitude.
« L'homme qui ouvre les yeux à la
« lumière, n'existant que par ses
« sens, n'a que le sentiment du
« mal qu'il éprouve, et une ten-
« dance machinale, à un bien qu'il
« ignore. Tout ce qu'on ajoute à
« ces élémens est une hyperbole
« de l'art oratoire; ou un blas-
« phême des révélations.

« L'homme ne peut graviter
« vers la liberté, que lorsque son
« entendement secoue les lisières
« de l'enfance; parceque ce n'es
« qu'alors qu'il voit la ligne de
« démarcation, tracée par son

« intérêt personnel, entre la fa-
« culté d'exercer sa force et le
« pouvoir de nuire ; mais du mo-
« ment qu'il raisonne sa liberté,
« il raisonne aussi son obéissan-,
« ce ; ainsi le voilà sous l'empire
« de la loi, L'homme ne naît donc
« pas libre ; il n'y a donc que sa
« raison seule qui le rend tel :
« surtout, lorsque retenu en li-
« sières par le système social, il
« apprend à ne déployer des for-
« ces bienfaisantes que pour son
« bonheur et pour celui de tous.

« *Les hommes demeurent libres.*
« Les hommes ! c'est à dire le
« très petit nombre de citoyens,

« qui après avoir eû le courage
« de se créer une Patrie, se sont
« environnés volontairement des
« chaînes tutélaires de la loi. Le
« reste de la terre, qui compose
« les dix neuf-vingtièmes du gen-
« re humain, abruti, soit par l'i-
« gnorance, soit par l'habitude
« de vivre sous le pouvoir absolu,
« où n'a pas d'idée de la liberté,
« où n'en a que ce qui suffit à la
« faiblesse pour raisonner son
« esclavage.

« Je sçais que l'homme géné-
« reux, pour qui le besoin d'une
« Patrie est aussi impérieux que
« celui de son existence, si ja-

I 3

« mais il vient à la perdre , reste
« libre au milieu des chaînes dont
« on l'entoure : mais le vulgaire
« qui n'a ni lumières , ni vrai
« courage , au sein même d'une
« Patrie qu'on lui aurait organi-
« sée , demeurerait esclave.

« Il n'est donné de demeu-
« rer libre , qu'a l'homme qui
« s'est fait tel , en pliant sa
« tête altière sous la dépendance
« de l'ordre social ; mais un tel
« être n'a pas besoin d'une dé-
« claration des droits , pour con-
« server l'harmonie générale : il
« sçaura obéir de lui même , par-
« ce qu'il est appellé à com-

« mander ; il mettra la dignité de
« l'indépendance à maintenir de
« bonnes loix, parce que si elles
« n'existaient pas , sa raison sup-
« pléerait à l'inexpérience des lé-
« gislateurs.

« Voila des principes austères,
« qui tendent à renverser de
« fond en comble le système de
« liberté imaginé par l'assemblée
« nationale. Si ce fragment
« tombait entre les mains d'un
« comité des recherches , on ne
« manquerait pas de sophismes
« pour faire de moi un apôtre de
« l'esclavage : cependant , et j'en
« atteste mon Éponine , person-

I 4

« ne n'a propagé avec plus de
« hardiesse la doctrine d'une in-
« dépendance , fondée sur un
« bon système social. J'ai dit à
« Constantinople , devant Bel-
« grade , et sur le Cosmopolite ,
« que l'homme était libre par sa
« pensée , que par elle il s'élevait
« au dessus des chaînes de l'opi-
« nion et des entraves des mau-
« vaises loix ; j'ai desiré que tou-
« tes les Chartres constitutionel-
« les consacrassent cette liberté
« de penser , afin de prévenir
« par cette utile surveillance ,
« les abus du pouvoir : j'ai soute-
« nu , et je soutiens encore ,
« qu'il est possible de rendre li-

« bre une nation toute entiere ,
« en l'imprégnant par dégrés
« des lumières ; assurément ce
« n'est pas là faire des prosélytes
« à la servitude ; c'est bien plu-
« tôt proposer au culte de la ter-
« re , l'évangile pur et auguste
« de la liberté.

« *Les hommes naissent et de-*
« *meurent égaux en droits.* ——
« pardon,, législateurs, si, malgré
« ma vénération pour votre ou-
« vrage , j'ose ici le dévoiler dans
« toute la turpitude de sa nudité:
« pardon , si j'écarte un moment
« ce beau titre de peres de la Pa-
« trie , qu'un enthousiasme adu-

I 5

« lateur vous donna , pour vous
« engager à le mériter Mais je le
« dirai, sinon à vos contemporains
« qui ne voudraient pas m'enten-
« dre , du moins à la postérité,
« qui nous jugera tous ; ce prin-
« cipe qui a échappé à votre in-
« telligence et à votre amour rai-
« sonné du bien, est à la fois une
« erreur , et un commencement
« de manifeste pour appeller les
« peuples à l'anarchie.

« C'est tromper les hommes ,
« que de leur dire qu'ils naissent
« égaux en droits : car l'égalité
« des droits suppose nécessaire-
« ment l'égalité des forces physi-

« ques et intellectuelles : ce qui
« dans la grammaire de la fran-
« chise est une absurdité.

« Comment des sages qui ont
« dû analyser l'homme , avant
« d'exposer ses priviléges primi-
« tifs , n'ont ils pas vû que la na-
« ture étant simple dans ses plans,
« et richement variée dans ses
« détails , quoique le genre hu-
« main parût fondu d'un seul jet,
« il n'y avait aucune égalité d'or-
« ganisation entre Thersite et A-
« chille , Charlemagne et un
« inquisiteur , Newton et un Al-
« gonquin ?

« Si un homme diffère si es-

I 6

« sentiellement d'un autre hom-
« me, par les facultés physiques
« et par l'intelligence, il faut
« bien, comme je l'ai fait pres-
« sentir, qu'il en diffère aussi
« par les droits : car enfin la su-
« périorité d'une force quelcon-
« que, est le seul titre qu'on con-
« naisse à la supériorité du
« pouvoir.

« Lorsqu'on considère l'hom-
« me hors de la société, le pro-
« blème se résout de lui même ;
« en effet quand il n'y a point de
« force publique, qui comprime
« toutes les forces individuelles,
« il faut bien que ces dernières

« prennent leur place : il faut
« bien que le plus fort des hom-
« mes écrase la terre, et que le
« plus adroit la gouverne.

« L'homme social s'écarte
« moins en apparence du type
« ordinaire, parceque le chef
« d'œuvre des gonvernements,
« consiste à mettre de niveau
« toutes les inégalités; mais enfin
« ces inégalités existaient, puis-
« que la loi vient les reprimer :
« l'ordre social peut bien empé-
« cher qu'un individu n'abuse
« de sa force et un autre de son
« génie ; mais il ne peut empé-
« cher qu'un de ces individus ne

« soit Hercule et l'autre Newton.

« Je vais plus loin , et une rai-
« son supérieure m'apprend que
« l'ordre social le plus parfait , en
« faisant disparaître l'inégalité
« des forces , fait triompher l'i-
« négalité des droits : en effet le
« gouvernement le plus ami de
« l'homme , est celui qui sçait le
« mieux placer les citoyens, sui-
« vant l'échelle graduée de leurs
« talents et de leurs vertus : c'est
« celui où tous les titres à la con-
« sidération humaine conduisent
« au pouvoir : c'est celui où Che-
« vert sans ayeux , commande
« les armées, où Necker reste mi-

« nistre , où l'auteur d'Emile est
« à la tête d'une Académie.

« Envain , par le plus absurde
« de tous les systèmes de liberté,
« dénaturerait-on une antique
« monarchie, en la ramenant aux
« élémens des républiques , l'i-
« négalité originelle dans les
« droits primitifs de l'homme ,
« subsisterait encore dans les
« droits de citoyen. Un trône dé-
« gradé est toujours un trône.
« Si vous le faites occuper par
« un simple fonctionnaire public,
« ce fonctionnaire sans majesté ,
« aura toujours plus de titres à
« la reconnaissance publique ,

« que l'obscur factieux qui le dé-
« daigne, en un mot il sera plus
« citoyen que le vulgaire des ci-
« toyens.

« Si les hommes sont nés iné-
« gaux en forces. si l'ordre social,
« tout chargé qu'il est de niveller
« les inégalités oppressives, en-
« courage encore celle des droits,
« il s'ensuit que l'article fonda-
« mental du nouveau Code Fran-
« çais est une rêverie à reléguer
« avec celle de l'Optimisme : l'u-
« ne ne présente pas plus l'idée
« mere de la politique, que l'au-
« tre ne donne la clef de la
« nature.

« Si du moins l'erreur de la
« Convention nationale, comme
« le paradoxe brillant de Pope et
« de Leibnitz, ne servait qu'a
« faire déraisonner paisiblement
« des philosophes! mais, et c'est
« ce qui me fait verser des lar-
« mes de sang, elle a été le toc-
« sin de la discorde en France,
« aux Colonies, et dans l'infortu-
« née ville d'Avignon : elle à pré-
« paré, partout où le peuple s'est
« fait roi, des catastrophes qui ré-
« pandent un jour sinistre sur
« le berceau de la révolution.

« Du moment qu'on a eu la
« criminelle imprudence de par-

« ler, à une multitude avengle,
« de ses droits, avant de lui par-
« ler de ses devoirs, cette multi-
« tude qui ne raisonne pas, mais
« qui frappe, s'est armée pour
« faire valoir ses droits et a ou-
« blié ses devoirs.

« L'unique droit que l'ordre
« social semble donner à une clas-
« se de citoyens destinée tou-
« jours à obéir, est d'être proté-
« gée en tout tems par la force
« publique, et, par un renver-
« sement de toute harmonie po-
„ litique, les sujets-nés soit de la
« France, soit du Comtat, armés
« de la déclaration des régénéra

„ teurs , ont cru qu'ils étaient
„ maîtres de protéger eux mêmes
„ cette force publique , et de la
„ diriger contre le pouvoir légi-
„ time , ce qui est la même cho-
„ se que de l'anéantir.

„ L'égalité des droits , a ap-
„ pris à un peuple , qui suppor-
« tait déja impatiemment son
« joug , à le secouer tout-à-fait ,
« où du moins à le blanchir en
« frémissant de son écume : elle
« lui a ôté ses mœurs paisibles ,
« et a énervé pour lui jusqu'au
« frein des délits secrets , c'est-à-
« dire le pouvoir sacré de la re-
« ligion.

« Les êtres sans lumières qui
« composent la masse du peuple,
« n'ont appris autre chose par la
« déclaration fastueuse des droits,
« si non que tous les dégrés de la
« hyérarchie sociale étaient les
« mêmes : alors ils se sont mis à
« niveller eux mêmes la monar-
« chie ; ils ont abbattu tout ce
« qui en s'élevant , importunait
« leur vanité ; ils ont porté le fer
« et la flamme dans les aziles des
« grands propriétaires , détruit
« les titres qui attestaient leur
« obscurité , et assassiné des ci-
« toyens amis des loix , dont l'u-
« nique délit était de se croire
« gentils-hommes.

« Après s'être essayés impuné-
« ment contre la noblesse et l'o-
« pulence , ils ont attenté jus-
« qu'au trône : instruits par les
« législateurs qu'un Roi n'était
« qu'un homme . ils ont voulu
« rabaisser cet homme à leur
« niveau , et enhardis par les om-
« bres de la nuit , ils ont osé ,
« en massacrant ses gardes , en
« demandant la tête de l'auguste
« compagne de ses peines , lui
« arracher la sanction d'une dé-
« claration funeste . qui leur as-
« surait l'impunité de leurs ré-
« gicides.

« Eh ! ne croyez pas que ces

« hommes sauvages, qu'une phi-
« losophie exaltée a tirés de leurs
« repaires, s'arrêtent au milieu
« de leur horrible carrière. L'ê-
« tre féroce qu'on à une fois a-
« breuvé de sang, ne savoure
« plus d'autre breuvage. Quand
« ils verront que malgré la décla-
« ration des droits, ils ne sont
« ni riches, ni nobles, ni rois;
« tremblons qu'ils ne viennent
« demander compte aux législa-
« teurs eux mêmes, de l'erreur
« fatale dont ils les ont bercés :
« tremblons qu'en vertu de l'in-
« surrection, dont une loi im-
« prudente leur fait un devoir,
« ils ne punissent les sophistes,

« qui pour les éclairer mieux les
« aveuglèrent, en les ensevelis-
« sant sous les débris de la mo-
« narchie.

« Français, peuple naturelle-
« ment sensible et bon, peuple que
« j'idolâtre encore du fond du
« cachot où ton injustice me fait
« languir, ah ! ne te prévaux pas
» d'une erreur de l'inexpérien-
« ce ; songe que quelques sophis-
« mes, qui servent de bordure à
« ta constitution , ne l'empê-
« chent pas d'être un des plus
« magnifiques tableaux de la rai-
« son humaine : reprens le sen-
« tier, paisible que tes mœurs

« simples t'avaient tracé. Songe
« que l'inégalité des êtres est la
« première loi de la nature : ne
« fatigue point ton intelligence à
« refuter cette grande théorie, et
« n'use pas ta force à en affaiblir
« les résultats ; sûr d'être proté-
« gé en tout tems par la loi, bais-
« se un front soumis devant ce
« simulacre imposant de la divi-
« nité. Tu as, en t'organisant en
« société, acheté des droits au
« bonheur, et la Patrie n'acquit-
« tera sa dette, que lorsque tu en
« auras provoqué le payement
« par ton obéissance.

La loi n'a le droit de dé-
dé

„ *fendre que les actions nuisibles*
„ *à la société.* — Toujours la
« marche inverse de la saine po-
« litique ! quand les législateurs
« ont parlé de la multitude qui o-
« béit, il, n'ont exposé que ses
« droits : maintenant qu'il s'agit
« de la loi qui commande, ils ne
« s'occupent qu'a mettre des bor-
« nes á son pouvoir.

« Sans doute une loi, qui in-
« terdirait au citoyen des actes
« qui ne troublent point le repos
« public, serait une loi absurde :
« mais par cela même qu'elle est
« absurde, elle perd son pouvoir
« d'obliger ; car la raison étant

Tome VII. K

« antérieure à la loi, on ne peut
« pour obéir à la loi, faire divor-
« ce avec sa raison.

« D'ailleurs, pourquoi prému-
« nir contre de mauvaises loix,
« quand on à reçu de sa nation
« tout pouvoir pour en faire de
« bonnes ? une pareille réserve
« ferait soupçonner, que les au-
« teurs d'un Code se sont dé-
« fiés de leur génie ou de leur
« vertu : et quand des législa-
« teurs chancelent en commen-
« çant leur carrière, ils prédisent
« la chute prématurée de leur
« législation.

« Il me semble que pour don-

« ner à une grande nation le sen-
« timent de sa liberté , il faut que
« ses régénérateurs manifestent
« la conscience de leurs propres
« forces : c'est au milieu des é-
« clairs de leur génie qu'ils doi-
« vent dicter leur Code , comme
« Moyse écrivait ses douze tables,
« au milieu des éclairs de la tou-
« te-puissance.

« Le plus grand malheur qui
« puisse arriver aux instituteurs
« d'un peuple libre , après le
« fléau des loix faibles , c'est d'en
« faire soupçonner la faiblesse ;
« car alors ils appellent un peu-
« ple impatient de toute espèce

K 2

« de joug, á une insurrection.

« On attend d'un législateur,
« qui bâtit pour l'éternité, non
« des principes de scepticisme,
« mais des oracles ; il détruit tout
« l'effet de ses institutions, s'il à
« la maladresse d'en provoquer
« l'examen : et il ne doit pas plus
« faire pressentir que son Code
« peut nuire à la tranquillité pu-
« blique, que la loi de Rome ré-
« publique ne faisait pressentir
« la possibilité des parricides.

„ Tous les citoyens sont
„ égaux aux yeux de la loi...
„ et la loi doit être la même

„ *pour tous , soit qu'elle pro-*
„ *tége , soit qu'elle punisse.* ——
« toujours la chimère philosophi-
« que de l'égalité ! toujours une
« teinte de républicanisme qui
« attenue les ressorts les plus
« puissants d'une monarchie !

« Nous avons vû que les hom-
« mes naissent inégaux , et que
« même dans l'ordre social , des-
« tiné à faire concourir toutes les
« dissonnances à l'harmonie gé-
« nérale , ils demeuraient iné-
« gaux ; parce qu'il n'est donné à
« aucun système d'économie po-
« litique d'intervertir l'essence
« des choses, et que ce serait dé-

K 3

« truire l'homme , que d'anéan-
« tir son principe originel d'iné-
« galité.

« Cette première erreur une
« fois adoptée par les apôtres de
« la constitution Française , il en
« à résulté un vernis d'incohé-
« rence , avec les meilleurs axio-
« me de leur Évangile.

« Par exemple , la loi ne doit
« voir autour d'elle que des ci-
« toyens : c'est une maxime d'une
« vérité éternelle : car un indivi-
« du qui serait de la Cité et qui
« ne voudrait pas être citoyen ,
« serait plus que citoyen , et mé-

« nacerait par là de ravir à la loi
« sa toute-puissauce.

« Mais , comme je l'ai déja ob-
« servé , dans un état , où il y a
« hyérarchie de talents , de pro-
« priétés , d'industrie et de pou-
« voir , tout le monde n'est pas
« citoyen d'une manière égale.
« Le célibataire ne paye pas à la
« Patrie le même tribut que le
« père de famille ; l'*Ami du Peu-
« ple* ne sert pas la chose publi-
« que , comme l'auteur du Con-
« tract Social. Le Maire d'un vil-
« lage n'a pas les titres de Mira-
« beau à l'apothéose.

« De ce que tous les individus

« d'une monarchie ne sont pas
« citoyens d'une manière égale, il
« s'ensuit que la loi destinée es-
« sentiellement à les protéger
« tous, ne doit pas le faire d'u-
« ne manière uniforme; il faut
« sans doute que tout dans l'état
« soit couvert de son Égide, mais
« le trône doit être en contact a-
« vec le centre de cette arme dé-
« fensive, et les derniers des
« Plébéyens avec les derniers
« points de sa circonférence.

« La proportion n'est pas plus
« uniforme dans l'acte de punir,
« que dans celui de protéger. As-
« surément le même délit change

« de nature , quand il est com-
« mis par des hommes inégaux en
« talents où en pouvoir. Des ma-
« ximes incendiaires sont bien
« moins dangereuses dans des li-
« belles voués au mépris , que
« dans un ouvrage immortel
« comme l'Esprit des loix; un o-
« rateur qui tonne dans l'assem-
« blée nationale contre la consti-
« tution , fait bien plus de tort à
« la révolution Française , que
« l'Évêque chassé de son siége,
« qui défend , avec des mande-.
« ments clandestins, sa foi, son
« honneur et son diocèse.

« Et il faut bien que ce prétendu

« axiome , que la loi qui punit
« doit être la même pour tous les
« citoyens , ne soit réellement
« qu'un problême , puisque les
« législateurs y ont dérogé eux
« mêmes deux fois, de la manière
„ la plus solemnelle : l'une, en se
„ déclarant inviolables , pendant
„ le cours de leurs sessions : l'au-
« tre , en statuant que le monar-
„ que , quelqu'abus qu'il fit de
„ son pouvoir , serait hors de l'at-
„ teinte de la loi.

„ Je ne sçais : mais si j'avais é-
„ té membre de la Convention
„ Française, et que j'eusse voulu
„ la faire paraître, sinon juste ,

,, du moins conséquente , il me
,, semble que j'aurais rejetté de
,, la Chartre constitutionnelle ,
,, toute clause dérogatoire , qui
,, l'aurait présentée sous une fa-
,, ce versatile et défectueuse.
,, Le paradoxe de l'égalité des
,, droits une fois admis , j'aurais
,, suivi cette chimère brillante ,
,, jusques dans ses dernieres ra-
,, mifications ; j'aurais puni com-
,, me crimes de lèze-nation , les
,, duels des législateurs ; j'aurais
,, fait étinceler le glaive de la loi.
,, sur la tête du monarque , com-
,, me sur celle du Plébeyen obs-
,, cur, que ses attentats desti-
,, nent à l'échaffaut,

,, Il est vrai qu'alors la féroci-
,, té des résultats aurait ouvert
,, les yeux sur l'erreur du princi-
,, pe ; on se serait empressé à
,, chercher une autre base à la
,, constitution, et on aurait sau-
,, vé le sang des peuples, en sau-
,, vant un affront à la logique des
,, législateurs.

,, *Nul ne doit être inquiété*
,, *pour ses opinions, même reli-*
,, *gieuses, pourvu que leur ma-*
,, *nifestation ne trouble pas*
,, *l'ordre public établi par la*
,, *loi.*

,, Des opinions même religieuses !

« ses ! — ne nous arrêtons ici
« que sur ce mot *même* qui tra-
« hit si bien l'inéxpérience des
« régénérateurs, et leur défaut
« de génie en législation.

« Si jamais une révolution, o-
« pérée par les lumières, dut
« s'honorer d'avoir rendu la li-
« berté à la pensée, c'est sans
« doute l'indépendance des opi-
« nions religieuses, qui devait
« former le premier article de
« son symbole. Car enfin il peut
« y avoir, dans des tems d'orage,
« quelque danger à éclairer le
« pouvoir ; mais il n'y en eut ja-
« mais à manifester paisible-

« ment, et sans ardeur de pro-
« sélytisme, le contract tacite
« et volontaire entre Dieu et
« l'homme, qui forme l'essence
« de la religion,

„ *Tout citoyen peut écrire,*
„ *imprimer librement, sauf à*
„ *répondre de l'abus de cette*
„ *liberté, dans les cas déter-*
„ *minés par la loi.*

« Par quelle étrange fatalité,
« faut-il que l'assemblée consti-
« tuante ait rendu odieuses jus-
« qu'a ses belles loix, et qu'elle
« tyrannise ainsi la France jus-
« qu'au milieu de ses bienfaits?

« Il est hors de doute que le
« droit de propager sa pensée par
« ses écrits . ne soit le Palladium
« des nations, contre les attentats
« du pouvoir absolu ; on ne peut
« se dissimuler aussi, que tous les
« abus de cette liberté ne soyent
« prévus, en confiant à la loi la
« censure des écrits des pertur-
« bateurs.

« Mais les législateurs de la
« France , ont trouvé le moyen
« d'éluder jusqu'a la sagesse de
« leur propre décret , en ren-
« dant la presse libre , et en re-
,, fusant la loi qui devait en re-
,, primer la licence.

L 2

,. Sous l'ancien despotisme ,
,, où des censeurs eunuques,
,, comprimaient à leur gré tou-
,, tes les idées génératrices des
,, philosophes, la pensée libre
,, de l'homme, comme un fluide
,, impétueux que des digues res-
,, serrent, s'indignait en secret
,, de sa contrainte; la Conven-
,, tion nationale est venue, elle
,, a brisé toutes ces digues à la
,, fois, et comme elle avait dédai-
,, gné de creuser un lit au tor-
,, rent, il a débordé avec fureur,
,, et dévastant les campagnes
,, qu'il devait rendre fertiles,
,, il n'y a fait germer que des
,, fruits de discorde et de mort.

,, Aucun tableau ne peut ren-
,, dre les maux effroyables , qu'a
,, faits a la France le déborde-
,, ment des libelles qui sont ve-
,, nus l'inonder. Tout ce que
,, l'audace irréligieuse à de plus
,, allarmant pour la conscience
,, timorée du peuple , toutes les
,, horreurs anti-sociales que l'a-
,, théisme politique à pu imagi-
,, ner , toutes les productions du
,, Cynisme le plus effrené que
,, le mépris de la morale a pu dé-
,, rober aux pinceaux de l'étrone
,, et de l'Arétin a été étalé avec
,, impunité aux yeux de la mul-
,, titude ; alors tous les liens de
,, la société ont été sur le point

,, de se dissoudre , et l'homme
,, de bien a été tenté de calom-
,, nier la révolution et de blas-
,, phémer le nom de philosophe.

,, Dès les premiers ravages de
,, cette horrible Épidémie , on
,, demanda de toute part aux
,, médecins de la nation le re-
,, mède qui devait la faire cesser.
,, Le vertueux abbé Syeis donna
,, un projet de loi, qui devait faire
,, rentrer dans le néant tous les
,, écrits Cyniques ou perturba-
,, teurs ; mais la haute politique
,, de la majorité de l'assemblée
,, se crut compromise; elle pensa
,, qu'on voulait mettre un frein a

„ la liberté , et elle renvoya le
„ frein' de la licence a une au-
„ tre législature.

„ Depuis cette espèce de pacte
„ d'impunité , entre l'assemblée
„ constituante et les perturba-
„ teurs , le fléau de la licence de
„ la presse n'a fait qu'augmenter
« ses ravages ; on s'est addressé
« de toute part aux tribunaux
« pour demander vengeance des
« libelles ; mais , faute d'une loi
« précise , les nouveaux magis-
« trats ont gardé un silence pu-
« sillanime : alors les ministres ,
« les hommes d'états , le sage pai-
« sible , dont l'honneur avait été

L 4

« si long-tems a la mercy des plu-
« mes incendiaires , ont vû se
« rouvrir toutes les playes de la
« calomnie ; et ils tremblent peut-
« être , a la vûe de l'insouciance
« criminelle des législateurs , de
« mourir , emportant auprès des
« siècles , sinon la blessure en-
« core saignante , du moins sa ci-
« catrice.

« Il faut le dire avec courage,
« d'autant plus qu'a cet égard
« l'effroi ferme toutes les bou-
« ches , énerve toutes les plumes,
« glace tous les cœurs ; si le dé-
« cret en faveur de la liberté de
« la presse , quand il marche a-

« vec la loi qui en reprime la li-
« cence, est un des grands bien-
« faits de la raison humaine, il
« devient, quand il est seul, le
« fléau des états qu'il veut régé-
« nérer. Rendre libre la seule
« pensée du sage ; est digne de
« l'ame sublime de Zénon et de
« Marc-Aurèle, donner, faute de
« contrepoids, l'essor a toutes
« les pensées de l'extravagance
« où de la scélératesse, est d'un
« machiavélisme, qui n'appar-
« tient qu'a une tyrannie raison-
« née des législateurs.

« Je voudrais suivre la décla-
« ration des droits, dans les dix

L 5

« sept divisions qui la composent;
« mais la critique en serait aussi
« pénible que la lecture ; je n'y
« vois aucune idée mere, aucun
« fil Encyclopédique qui lie le
« tronc principal a ses branches ;
« presque tout y est vague, in-
« cohérent, et plus digne des
« deux lumières d'une école de
« sophistes, que d'une assem-
« blée de législateurs, qui veut
« faire rouler sur un seul pivot
« tous les empires de l'Europe.

« Le premier objet que cher-
« che la philosophie dans ce
« préambule de loix universel-
« les, c'est une série de grands

« principes, qui deviennent la
« clef de toutes les institutions
« humaines, et par contre-coup
« leur apologie, quand l'audace
« ou la faiblesse tenteront d'en
« affaiblir l'influence ; mais les
« législateurs Français, qui ont
« annoncé avec tant de faste,
« des droits que l'homme n'a pas,
« ont gardé un silence criminel
« sur des maximes génératrices,
« d'où découlerait la source de
« ses devoirs.

« Par exemple les premiers re-
« gards du sage voudraient se fi-
« xer, sur les élémens de l'augus-
« te science des mœurs, de cette

L 6

« science, dont la tige est dans le
« ciel et la racine dans le cœur
« de l'homme, de cette science,
« sans la quelle les loix ne seraient
« qu'une injure à la raison des
« grandes sociétés, et la religion
« un blasphême contre l'ordon-
« nateur des mondes — eh bien,
« la déclaration des droits a si
« bien oublié cette théorie fon-
« damentale, que le nom même
« de morale n'y est pas prononcé.

« Le sage voudrait sçavoir,
« quelle est l'origine du Contract
« primitif entre les peuples et les
« Rois, quelles en sont les clauses
« au gré de la morale, surtout

« où l'on rencontrerait un juge
« en cas d'infraction, mais l'ora-
« cle consulté, n'a pas daigné
« honorer le sage d'une réponse.

« Une question non moins im-
« portante tient le sage en sus-
« pens. Si l'acte par lequel la
« force tient la faiblesse enchaî-
« née, n'est pas un droit, celui
« par lequel la faiblesse se sous-
« trait a la tyrannie de la force,
« en est un sans doute ; et dans
« ce cas, quel est le mode, et
« surtout quelles sont les limites
« d'une insurrection ? le repos de
« toutes les nations repose sur
« cette base — eh bien, ici le sa-

« g est consterné par le silence
« effrayant des législateurs.

« Au lieu des maximes gran-
« des et éternelles , que devait
« présenter le vestibule du tem-
« ple de la liberté Française , on
« y trouve beaucoup de petites
« applications de loix sur le Code
« civil , sur les dépenses d'admi-
« nistration, sur la répartition des
« impots , sur ce qu'on appelle
« leur assiète et leur quotité; tous
« objets dont la place , naturelle
« est dans la constitution même ,
« mais qui sont souverainement
« déplacés a la tête d'une Chartre
« en faveur de l'homme, qui doit

« servir de germe à toutes les lé-
« gislations de l'univers.

« La déclaration des droits est
« terminée par une des plus é-
« tranges contradictions entre la
« théorie de l'assemblée cons-
« tituante, et la marche qu'elle a
« suivie dans le cours de la révo-
« lution. Cette contradiction est
« d'autant plus palpable, qu'il
« n'existe pas une seule ligne in-
« termédiaire, entre le paragra-
« phe qui établit, et celui qui
« renverse. Les transcrire tous
« deux dans l'ordre même où ils
« sont placés, est la réponse la
« plus terrible, dont la raison é-

« crasera jamais le sytème des lé-
« gislateurs.

„ *La propriété étant un droit*
„ *inviolable et sacré, nul ne*
„ *doit en être privé, si ce n'est*
„ *lorsque la nécessité publique,*
„ *légalement constatée, l'exige*
„ *évidemment, et sous la con-*
, *dition d'une juste et préalable*
„ *indemnité.*

„ *L'assemblée nationale vou-*
„ *lant établir la constitution*
„ *Française, sur les principes*
„ *qu'elle vient de reconnaître,*
„ *et de déclarer, abolit irré-*
« *vocablement les institutions*

,, *qui blessaient la liberté et*
,, *l'égalité des droits. Il n'y a*
,, *plus de noblesse , ni pairie ,*
,, *ni distinctions héréditaires ,*
,, *ni distinctions d'ordres. . . .*
,, *ni aucun des titres qui déri-*
,, *vaient du régime féodal, ...*
,, *ni aucun ordre de Cheva-*
,, *lerie* —

« La voilà donc enfin terminée,
« cette tâche pénible , que
« mon amour pour les hommes
« m'avait imposée ! obligé de ra-
« valer jusqu'a la critique , un
« génie, dont je devais consacrer
« les dernieres étincelles aux spé-
« culations sublimes de la mora-

« le , j'ai vingt fois chargé ma
« main d'une plume importune ,
« et vingt fois je l'ai rejettée ;
« quelque pure qu'ait été ma
« franchise , quoiqu'en descen-
« dant au fond de mon cœur, je
« n'y aye trouvé qu'un zéle rai-
« sonné pour la constitution que
« je censure , et de l'idolâtrie
« pour la France que j'éclaire,
« cependant, en foudroyant la
« déclaration des droits , je ne
« crois pas la nation mûre pour
« le bienfait de ce coup de ton-
« nerre. Couchée aux pieds de la
« tombe, que ses propres régéné-
« rateurs semblent lui avoir creu-
« sée , elle n'en permettra pen-

« dant long-tems les approches ,
« qu'a l'esclave sans front qui
« viendra la couvrir de fleurs, Eh
« bien , je cède a une nécessité
« cruelle ; je ne veux point qu'on
« imprime ce fragment de ma
« république, avant le siècle qui
« va naître , et que je ne verrai
« pas. Éponine , douce moitié
« de moi même, et toi, jeune in-
« fortuné , dont le cœur a devi-
« né le sien , vous lirez seuls ces
« lignes sinistres que ma douleur
« a tracées ; et si jamais la France
« se revivifie , avec des principes
« de loix dignes d'elle , devenus
« heureux du bonheur général ,
« vous effacerez ce monument de

« ma vieillesse, avec les larmes gé-
« néreuses de la reconnaissance.

Pendant que le Chevalier cap-
tif déchiffrait ce fragment ratu-
ré, sous les yeux du geolier du
Châtelet, par un concours bizar-
re d'évènements, le sage libre,
en lisait une copie régulière à É-
ponine ; arrivé a l'apostrophe au
jeune infortuné, le vieillard bais-
sa la voix, craignant de rouvrir la
blessure encore saignante de sa
fille : non, mon pere, dit l'héroïne, ne me dissimulez rien ; je
suis digne de vous entendre ; le
tems, la raison, peut-être l'excès
de l'infortune, ont rendu la li-

berté a mon cœur, et désormais vous y régnerez sans partage.▬

Eh ! ce partage, ma fille, aurait fait le charme de mes derniers momens ; sûr d'être dans la mémoire de tout ce qui m'est cher, j'aurais marché avec plus de fermeté vers les barrières de la vie : j'aurais vu avec moins de regret la lumière s'éclipser a mes yeux, quand deux Éponines seraient venus les fermer.▬

Eh bien, mon pere, l'Éponine qui vous reste, en redoublant d'amour et de soin, vous remplacera l'Éponine qui vous man-

que... qui vous manque !.... oh
oui ! j'ai bien interrogé ma sensibilité expirante ; ma raison ne
me reprochera plus de tenir a un
sexe timide, par les erreurs et la
faiblesse ; le crime d'un homme
m'a fait homme... et la seconde
Éponine ne manquera que pour
vous.———

Être céleste, ta force me rend
toute ma sérénité. Oseras tu ache-
ver ton ouvrage ? je suis inquiet
de la destinée du manuscrit original que je viens de te lire ; oseras
tu te rendre avec moi dans la prison où il s'est égaré ? parcourir
sans trouble cet appartement où

un autre que moi a gravé le nom de mon Éponine ? ——

Je voulais vous le proposer, mon pere.——

De ce moment je retrouve Éponine toute entiere. ——

Vous ne lisez qu'a demi, mon pere , dans ce cœur plein de vous... Zima est dans cette prison : Zima la libératrice du jeune infortuné que je n'ose nommer : Zima , qui a force de vertu , fait le malheur de ma vie : eh bien , je me sens le courage de voler a son secours , de tenter de délivrer ma rivale. ——

Le philosophe ne laissa pas à Eponine le tems de réfléchir sur ce trait de grandeur d'ame : il la prit par la main , et la conduisit a l'instant au Châtelet.

L'honnête , le sensible concierge , accueillit ses anciens prisonniers avec les larmes du sentiment ; et sur le desir que témoigna le vieillard. de revoir le séjour de douleurs qu'il avait si long-tems habité, suivez moi tous deux, leur dit-il ; depuis votre délivrance, cet appartement n'a pas cessé d'être le sanctuaire de la vertu : je n'ai voulu y loger que des infortunés qui vous ressemblas-

sent ; venez ; l'être qui l'occupe
en ce moment est plein de votre
image : il croira, en vous voyant,
que des anges descendent du
ciel pour vivifier sa prison.

Mon pere, disait a demi voix
Éponine, elle doit être bien chan-
gée, cette jeune Zima dont je rou-
gis d'avoir été jalouse un moment !
combien je vais jouir, en la serrant dans mes bras, en l'assurant
que notre or, notre crédit, vont
être employés a sa délivrance ! ...
mais pourquoi sens-je mes genoux
chanceler ? on dirait que j'éprouve les allarmes du remords, en
méditant un acte de vertu.

Tome VII.   M

Arrivé à la porte de l'ancien séjour du philosophe, le geolier en ouvrit la porte, et se retira en silence, pour ne pas troubler les épanchements de cœur des trois personnages.

Le sage et sa fille ne trouvèrent personne dans l'appartement; mais des rideaux de lit tout à fait fermés, le faible murmure d'une respiration entrecoupée, annonçaient que la solitude n'était pas absolue. Zima repose, dit Éponine, respectons son sommeil : il n'est pas toujours donné à l'innocence de dormir en paix dans une prison.

En ce moment elle s'approche, par un mouvement machinal, de l'angle du mur qui lui avait procuré, dans des temps plus heureux, de si douces émotions : les deux anciens noms y avaient été entourés, avec une pénible industrie, de lacs-d'amours, et au dessous un burin ferme et décidé avait gravé avec profondeur dans la muraille, ces mots : *pour jamais*— Éponine se crut un moment transportée dans l'Élysée de la mythologie : son ame toute entière étincela dans ses regards, et, pour la première fois, depuis qu'elle était

M 2

libre , les roses de son teint s'é-
panouirent.

D'une extase , l'héroïne tomba
bientôt dans une autre. Un secrétaire était ouvert devant elle :
on y avait menagé une espèce
de niche , décorée avec autant
de gout que de magnificence , et
destinée à recevoir un manuscrit : voilà la cassette d'or d'A-
lexandre , dit en souriant le philosophe , voyons si elle renfer-
mera une Iliade. Tous deux s'in-
clinent comme de concert. sur le
manuscrit et reconnaisseut le fragment original de la république ,
égaré dans la prison. Il était ou-

vert à la dernière page : on avait
rétabli , mais en lettres d'or , ces
mots de l'ancienne écriture , qui
semblaient avoir été effacés par
des larmes : *Éponine , douce
moitié de moi-même , et toi jeune
infortuné, dont le cœur a deviné
le sien ;* la marge offrait une autre singularité ; c'était la première ligne répétée, *Éponine,
douce moitié de moi-même ;* ces
mots étaient d'une autre main ,
et semblaient tracés avec du
sang——mon père, dit Éponine
égarée, ce n'est pas là l'écriture
de Zima : la douce amitié ne
remplirait pas mon ame de
cette yvresse ; délivrés moi de

cette incertitude qui m'écrase :
je ne me connais plus, et j'im-
plore à vos pieds la lumière ou
la mort.

Elle parlait encore, quand la porte s'ouvre ; une foule de soldats ,
que le geolier s'efforçait en vain
d'arrêter , se répand dans l'appartement , et tandisqu'un of-
ficier de justice s'empare du manuscrit du philosophe , et de tous
les papiers du secrétaire , le chef
de brigade , son signalement à la
main , tire avec fracas les rideaux du lit : « le Châtelet n'est
« plus , dit d'une voix féroce
« l'homme terrible ; une haute

« cour nationale vieut d'être
« nommée à Orléans : vous y
« serés jugé ainsi que tous les
« perturbateurs : levés vous et
« suivés moi ».

A ces mots, un infortuné s'é-
veille en sursaut, s'élance au
milieu de l'appartement : c'était
le chevalier : à la vue d'Éponine,
il veut se précipiter à ses pieds :
mais tant de mouvements impétueux, qui agitent à la fois son
ame en sens contraire, ont épuisé
ses forces , et il tombe sans connaissance : l'héroïne non moins
faible , parce que toute son
énergie se trouve alors dans sa

M 4

sensibilité, jette un cri d'effroi, chancelle en volant à son secours, et partage son évanouissement. Ce spectacle, fait pour émouvoir des tigres, ne suspend pas un moment l'activité féroce du chef de brigade : il fait enlever le chevalier mourant par ses soldats, tandis que l'infortunée Éponine, revenue un peu à elle même, se débat, dans les convulsions du désespoir, entre le sensible geolier et le philosophe.

POSTFACE.

Enfin Platon est sur le point de terminer sa carrière ; il n'a plus qu'un moment, à s'entretenir avec cette foule d'hommes de bien, répandus sur tous les points de la surface de l'Europe, qui ont voulu voir par les yeux de ce sage, et juger par son ame le grand prodige de la révolution Française.

La partie la plus pénible de cet ouvrage est achevée : il s'agissait d'avoir raison contre les bienfaiteurs d'une grande monarchie :

M 5

de faire luire une vérité terrible, sans offenser ceux qu'elle dévoile: de lutter, sans perdre l'estime publique, contre une opinion accréditée par quatre millions de bayonnettes.

Maintenant que Platon a écarté les ruines brillantes, qu'on a eu la maladresse de substituer aux ruines grossières de l'ancien gouvernement, il ne s'agit plus que de poser, sur un roc inébranlable, la première pierre de cet édifice de la liberté, destiné, dans la suite des siècles, à loger tous les hommes.

Dire qu'il ne reste plus qu'une

première pierre à poser, c'est annoncer assés que quelques chapitres suffiront, pour terminer la partie politique de cet ouvrage : mais aussi ces chapitres, s'ils sont bien faits, renfermeront le germe de toutes les bonnes législations de nos trois mondes.

Et toi, Éponine, objet immortel de mon idolatrie, il faut bien que le fil de tes longues infortunes se dénoue ; mais quelle sera la catastrophe d'une tragédie, qui m'a fait verser jusqu'ici, de si douces larmes ? errante, jouet d'une fatalité, à laquelle la raison la plus sublime ne peut te dé-

rober , emportée par une sensibilité qui fait ta gloire et tes
malheurs , n'auras tu enfin que la
pierre du tombeau de ton amant,
pour reposer ta tête : ou bien
ta félicité, fruit tardif de ta vertu,
justifiera-t-elle la providence?

Je brule et je tremble d'ouvrir
le manuscrit qui renferme cette
partie touchante de ta destinée :
car je sens trop qu'en transcrivant
ces mémoires, je me suis identifié
avec toi : il faut que je sois heureux de ton bonheur, ou que ta
mort tragique couvre d'un crèpe
lugubre , la dernière époque de
mon existence.

FIN DU SEPTIÈME VOLUME.

www.ingramcontent.com/pod-product-compliance
Lightning Source LLC
Chambersburg PA
CBHW062223270326
41930CB00009B/1839